돈의 심리 부자의 심리

세상 돈은 왜 나만 피해갈까?

돈의 심리
부자의 심리

서기수 지음

21세기북스

부자가 되고 싶은 이들에게 희망을

교만은 많은 지식을 무용지물로 만들고 겸손은 적은 지식으로도 우리를 풍요롭게 합니다. 그래서 겸손하려 했습니다. 재테크 관련 강의를 하거나 글을 기고할 때도 얕은 지식이 탄로날까 봐 조심했습니다. 그러던 중 저를 시험이라도 하듯 출판 제의가 들어왔습니다.

IMF 외환위기 이후 노후대책이나 원금손실에 대한 인식이 바뀌면서, 혼자 고민하고 끙끙대던 정적인 투자자들이 이제는 책을 구입하거나 강연회를 찾는 등 동적인 투자자로 바뀌고 있습니다. 또한 저금리가 몇 년간 지속되면서 가계 재무구조에도 변화가 일어나고 있으며, 재테크도 저축의 개념에서 투자의 개념으로 변해가고 있습니다.

이런 상황에서 재테크는 어떻게 해야 하는지, 부자는 어떻게 되는지 등등 저에게는 하루가 멀다 하고 재테크와 관련된 질문 메일과 전화가 쏟아집니다. 이제 그 답을 책으로 정리해 보여드리고자 합니다.

이 책을 보시기 전에, 여러분께 드릴 말씀이 있습니다.

부자는 돈이 많은 사람이 아니라, 돈이 무엇인지를 아는 사람입니다. 돈을 모으려면 돈의 속성을 알아야 하는 법입니다. 십여 년간 제가 만났던 부자들은 모두 돈이 어떻게 움직이고 모이는지를 아는 사람들이었습니다. 이 책에는 제가 수많은 사람들과 재테크 상담을 하면서 알게 되었던 돈의 속성과 돈이 움직이는 원리가 실려 있습니다. 또 돈의 의미는 무엇이며, 돈을 어떻게 대해야 하는지를 정리하여 부자가 되는 첫걸음을 쉽게 뗄 수 있도록 하였습니다.

두 번째로 여러분께 드리고 싶은 말씀은, 부자가 되려면 부자에게 배우라는 것입니다. '부자는 어떻게 되는 것일까? 부자와 나의 차이는 무엇일까?' 부자가 되고자 하는 사람들이 한번쯤 생각해보았을 질문입니다. 저는 재테크 컨설턴트로서 수많은 부자들을 만나보았습니다. 그 결과 부자들에게는 공통점이 있다는 것을 알게 되었습니다. 여기서 제가 말씀드리는 부자들은 하루아침에 부자가 된 사람들이 아니라, 끈질기게 노력하여 스스로 부자가 된 사람들입니다. 부자들은 돈을 사랑한다고 당당하게 말하고, 누구보다 열심히 자료를 수집하며, 투자하기 전에 반드시 본인의 눈으로 직접 확인합니다. 이렇듯 모든 생활에서 늘 준비하고 실천하는 사람들이 부자입니다.

성공한 사람들에게는 모두 자기만의 멘토가 있습니다. 멘토는 앞 사람이 겪었던 실수를 되풀이하지 않게 해주고, 목표에 도달하기 위한 지름길을 알려줍니다. 이 책도 여러분께 그런 역할을 했으면 합니다. 부자가 되는 지름길을 보여줌으로써, 부자가 되고 싶어 하는 모든 이들에게 희망을 전해주고 싶습니다.

이번 책이 나오기까지 1년여 간을 노심초사 지켜보며 많은 힘이 되어준 아내에게 고마움을 전합니다. 또한 미래에셋 투자교육연구소의 강창희 소장님, 고려대학교 정책대학원장 이만우 교수님, RE멤버스의 고종완 대표, 항상 저의 안식처가 되어주는 '행복한 부자만들기' 카페의 모든 회원들과 고려대학교 정책대학원 선후배님들, 동기들께 고개 숙여 감사의 마음을 전합니다.

2005년 햇살 좋은 6월 초 어느 날
강남 집필실에서 서기수

차 례

1부
돈의 심리

2부

부자의 심리

얼마를 가져야 부자인가?

부자의 기준은 무엇인가

주말 저녁 시내를 지나가다 신문사 대형 전광판에 뜬 로또 당첨 소식을 보며 빙긋이 웃음을 짓곤 한다.

로또 1등 당첨자 4명, 1인당 43억 원씩 지급

'또 대한민국에 부자가 4명 생기는구나.' 이런 생각을 하면서 이왕이면 지금까지 어렵게 생활했거나, 사회에 도움을 주었던 사람들이 당첨되었기를 기원하곤 한다.

'부자가 되고 싶으세요?' 라는 질문에 아니라고 대답하는 사람은 찾아보기 힘들 것이다. 누구나 부자가 되고 싶은 소망을 가지고 있다. 그렇다면 과연 재산이 얼마나 있어야 부자 소리를 들을까?

국내 모 증권사가 고객을 대상으로 실시한 온라인 설문 조사에서 응답자의 41.7%가 "10억~50억 원은 있어야 부자라고 할 수 있다"고 답했다. 이때 재산의 기준에는 현금과 유가증권, 토지 등이 포함되었다. 응답자의 22%는 "50억 원은 넘어야 부자라고 할 수 있다"고 응답했고, 19.7%는 "5억~10억 원"을 부자의 기준으로 꼽았다. "1억~4억 원"이라고 응답한 사람은 4.6%에 그쳤다.

또한 모 철강회사 직원 100명을 대상으로 "얼마를 가져야 부자라고 생각하느냐"는 설문조사를 실시하였는데, 25명이 "20억 원 이상"이라고 답했고, 22명이 "10억~20억 원"이라고 답해, 절반에 가까운 응답자가 10억 원 이상을 부자의 기준으로 삼았다. 그러나 "평생 얼마나 벌 수 있다고 생각하느냐"는 질문에는 35명이 "1억~3억 원"이라고 답했고, "5억~10억 원"이라고 답한 응답자가 30명이었다. 결국 전체 응답자의 65%가 10억 원 이상은 벌기 힘들다는 생각을 갖고 있었다.

이렇듯 우리나라에서는 거주하고 있는 집을 제외한 금융자산과 기타 자산이 10억 원 이상 되어야 부자라고 본다. 현재 예금금리(약 4% 전후)를 감안할 때 금융자산 10억 원이면 연간 4,000만 원의 이자소득(세전)을 올릴 수 있다. 이자소득세 등을 감안하면 연간 3,500만 원 정도 소득을 올리는 셈이다. 이 정도면 이자만으로도 어느 정도 생계가 유지된다고 볼 수 있다.

그렇다면 한국에는 10억 원 이상의 자산을 가진 부자가 몇 명이나 될까? 보스턴컨설팅그룹(BCG)의 조사에 따르면 우리나라에서 100만 달러(약 10억 원) 이상의 금융자산을 가진 사람은 5만 2,000명이며, 이들이 보유한 총금융자산은 165조 원(2000년도 말 기준)에 이르는 것으로 추정된다. 한국의 부자들은 다른 나라 부자들보다 부동산투자나 사채, 고금리로 목돈을 버는 경우가 많았던 것으로 분석되었다. 하지만 이것은 어디까지나 과거의 통계치에 불과하다. 2002년 이후 계속된 정부의 부동산시장 억제정책으로 부자들은 부동산 비중을 조금씩 줄이거나 추가 투자를 자제하고 있다. 대신 주식형 간접투자상품, 채권, 금, 외화, 원유 등 다양한 자산 투자를 하고 있다.

외국의 부자들

외국의 경우에는 어느 정도의 자산을 가지고 있어야 부자라고 할 수 있을까? 또 그들은 어떻게 부를 축적했을까?

중국의 경우, 부자에 대한 구체적인 통계가 없다. 중국에 진출한 우리나라 대기업들의 마케팅 전략을 통해 부자의 기준을 살펴보면, 중국 전체 인구의 약 5%에 해당하는 6,500만 명 정도를 부유층으로 분류하여 VIP마케팅을 벌인다고 한다. 이들이 소유한 금융자산 또는 유동자산은 최소한 우리 돈 10억 원 이상이라고 한다.

미국의 경우는 350만 명이 부자의 범주 안에 든다. 이들의 95%는 100만~1,000만 달러 정도의 순자산을 가지고 있다. 미국 최대 증권사인 메릴린치와 경영컨설팅회사 캡 제미니 언스트 앤드 영(Cap Gemini Ernst & Young)이 공동으로 조사한 「2002년 세계 부 보고서(World Wealth Report)」를 살펴보면 당시 극심한 경기 침체로 세계 증시가 17%나 폭락했음에도 불구하고, 부동산을 제외한 현금, 주식, 채권 등 금융자산(총자산에서 부채를 뺀 순자산 기준)이 100만 달러(약 12억 5,000만 원) 이상인 사람들은 710만 명으로 오히려 2000년 말보다 20만 명이 늘어났다. 또한 순자산이 3,000만 달러(약 375억 원) 이상인 부자도 57만 명에 달하는 것으로 나타났다.

부자들은 극심한 경기 부진 및 증시 침체 상황에서 자산을 안전하게 굴리기 위해 채권, 현금과 예금상품, 부동산, 헤지펀드 등에 분산 투자한 것으로 나타났다. 이는 '돈으로 돈을 벌거나 머리를 써서 돈을 벌어야 한다는 점'을 뚜렷이 보여주는 대목이다.

지역별 부의 분포는 유럽 지역이 32%에 달해 가장 많은 백만장자가 살고 있는 것으로 나타났고, 그 다음은 북미 지역이 29%로 뒤를 이었다. 아시아 20%, 남미 13% 순이었다. 또한 세계적으로 여성 부자들의 약진이 두드러져 금융자산이 50만 달러가 넘는 미국 여성 부자가 43%를 차지하였다. 미국과 유럽 모두 백만장자가 되는 가장 큰 요인은 '상속'이며, 북미 지역의 100만 달러 이상 부자 평균 연령은 56~57세이며, 유럽은 59~62세다.

우리도 부자가 될 수 있다

세상이 생길 때부터 부자가 있었던 것은 아니다. 동서양을 막론하고 자본주의 경제가 시작되면서 부자라는 계층이 생겨났다. 자본주의 경제가 발달하면 할수록 부자와 부자가 아닌 사람들로 양분화되어가는 속도가 빨라진다. 최근 한 설문조사에서, 자신을 중산층이라고 생각하는 사람들의 비율이 과거보다 줄었고, 하위계층으로 생각하는 사람들이 늘었다는 결과가 나타났다. 부로 인한 계층의 차별화 현상은 앞으로 더욱 심해질 것이다.

도스토예프스키는 "돈은 모든 불평등을 평등하게 만든다"고 말했다. 역으로, 돈이 모든 평등을 불평등하게 하기도 한다. 이미 우리 사회 곳곳에서 그런 사례를 쉽게 찾아볼 수 있다. 은행이나 백화점에는 VIP고객들을 위한 별도의 공간이 있고, 공항에 가도 이들은 특별대접을 받는다.

하지만 팔자려니 체념하지 말자. 우리가 여기서 말하는 진정한 부자는 태어날 때부터 부를 보장받는 상속에 의한 부자가 아니라, 열심히 노력하여 자신의 힘으로 부를 일구어낸 부자다. 이제 이 책과 함께 진정한 부자가 되는 길을 떠나보자.

1부

돈_의 심리

돈이란 무엇인가? 역사 속에서 돈만큼 많이 회자되었던 주제가 없으며, 돈으로 인해 무수히 많은 국가 간 전쟁과 종족 간 다툼이 일어났다. 많은 사람들이 돈 때문에 슬퍼하거나 기뻐한다. 이렇듯 돈과 사람은 떼려 해도 뗄 수 없는 질긴 인연으로 묶여 있다. 돈과의 인연을 넓혀야 하는 이유는 바로 여기에 있다. 1부에서는 현대를 살아가는 우리들이 돈의 속성을 이해하고 돈과의 인연을 넓힐 수 있는 실천방안을 제시하고자 한다.

| 돈이란 무엇인가 | 돈, 어떻게 대할 것인가 | 돈은 어떻게 움직이는가 |

1장

돈이란 무엇인가?

金

01 | 돈은 과정이 아니라 결과다

새싹이나 모종은 관리만 잘하면 누구나 꽃을 피울 수 있다. 화원 주인에게 관리하는 법을 배울 수도 있고 책이나 인터넷을 활용해도 된다.

돈모으기를 모종 관리에 비유하면 어떠한가? 모종에서 꽃피우기까지 해야 할 일을 확실하게 안내해주는 곳은 어디에도 없다. 오직 스스로 몇 번의 시행착오를 겪으면서 터득해야 한다. 또한 그러한 시행착오도 현재 재무상황이나 현금흐름에 치명적이지 않다는 전제하에 가능한 것이다.

재테크는 모종관리와 비슷한 단계를 거친다. 즉 정기예금에 가입할 것인가, 펀드에 가입할 것인가를 고민하고 펀드에 가입하더라도 주식형에 가입할 것인가, 채권형에 가입할 것인가를 결정하는 게 모종의 종류를 고르는 것이겠고(투자 종류 선택), 주식시장이 바닥권이라고 생각해 주식을 산다든지 더 떨어질 것이라고 예상하고 더 기다린다든지를 결정하는 게 모종을 심는 시기를 결정하는 것이겠다(투자 시기 결정).

여기에 최근 국내외 경제상황이나 금융시장의 흐름을 알아보고 향후 전망을 예측해 투자 준비를 하는 것이 모종에 맞는 화분을 준비하는 단계일 것이다. 흙을 종류별로 적당히 섞어서 가꾸기를 시작하는 것은 주식형과 채권형의 적당한 투자 구성이나 정기예금과 펀드의 적당한 분산예치 등 분산투자 전략으로 볼 수 있다. 새로운 흙을 보충하고 갈아엎어 주는 것은 다가올 유망 투자종목에 재투자를 준비하는 것으로, 투자를 마무리하는 것에 비교할 수 있겠다.

이러한 돈 관리는 직접 연구하고 공부해서 스스로 터득하는 방법밖에는 없다. 물론 금융기관에서 근무하는 직원들이나 주변의 선(先)경험자들의 조언이 어느 정도 도움이 되는 건 사실이다. 그러나 때로는 전문가들의 조언이 방해요소가 되기도 한다. 금융환경이 시시각각으로 변하기 때문이다.

돈은 열매나 꽃이지 새싹이나 모종이 아니다. 게다가 온도를 적당하게 유지하지 못했거나 물을 제때 주지 않아서 관리에 실패한다면 그 타격이 재무상황에 바로 영향을 미친다.

그러므로 모종을 가꾸어 열매를 맺기까지의 과정을 배우는 데 게

을리 하지 말아야 한다. 항상 머릿속에 돈이라는 모종을 생각하며 어떻게 하면 적당한 온도를 맞추고, 화려한 꽃을 피우게 할 것인지를 늘 고민해야 한다. 그렇게 해서 실수를 줄이고 판단의 오류를 줄여야 한다. 최대한 남들보다 실패하는 횟수를 줄이는 것만이 진정한 부(富)를 쌓는 길이기 때문이다.

높은 수익률을 기대하고 주식형 펀드에 가입했다가 주식시장이 폭락해서 막대한 원금 손실을 입거나, 가격 상승을 기대하고 대출까지 받아 아파트를 사두었는데 부동산시징이 계속 히락하여 애물단지로 전락한다면?

금전적인 손실이 났는데, 동기나 과정을 생각하는 사람은 없을 것이다. 가진 재산을 모두 탕진하고 쪽박을 찬 다음에도 최선을 다했기에 만족한다면서 파산을 맞이할 사람은 없다.

모든 재테크의 궁극적인 목적은 현재 가지고 있는 여유자금을 어떻게 효율적이고 안정적으로 운용해서 남들보다 높은 수익률을 올리는가에 있다. 따라서 재테크를 함에 있어서는 선의의 동기나 열심히 노력한 과정이 아닌, 오직 결과에 대해서만 의미를 두어야 한다.

돈은 모종이 아니라, 오랜 가꾸기의 결과로 활짝 피어난 꽃이나 주렁주렁 열린 열매기 때문이다.

02 | 돈, 악독한 주인인가 충성스런 종인가

다음은 필자가 사회를 맡은 한 모임에서 일어난 이야기다.

"여러분 안녕하세요? 반갑습니다. 오늘은 여러분들과 함께 '돈'에 대해서 의견을 나누어보도록 하겠습니다. 어렸을 때부터 지금까지 돈에 대한 추억이나 즐거웠던 점, 또는 속상했던 점을 생각해보시고 한 분씩 발표를 하시는 겁니다."

그 말을 마치자마자 대부분의 사람들은 난감해 하거나 표정이 일그러졌다. 아뿔싸! 토론 주제를 '돈'으로 정했던 게 잘못된 것일까?

사람들이 난감해 했던 이유는 아마도 돈에 대한 기억 중 좋았던 기억보다는 나빴던 기억이 더 많기 때문일 것이다.

탈무드에는 "돈은 무자비한 주인이지만 유익하고 쓸모 있는 종이기도 하다"라고 나와 있다. 때로는 무자비한 주인의 모습으로 우리에게 다가와서 크나큰 좌절과 아픔을 주지만, 때로는 충성스러운 종이 되기도 한다는 말이다.

많은 사람들이 돈 때문에 고통스러워하고 고민하며, 서로 다투기도 하고 속이기도 한다. 심지어는 돈 때문에 목숨을 끊는 일도 생긴다. 돈 때문에 괴로워 하는 이들은 돈이 악독한 주인 노릇을 하고 있다고 생각할 것이다. 그런가 하면 어떤 사람들은 돈을 잘 활용해 그동안 꿈꿔왔던 일들을 하나씩 이뤄가기도 하고, 어려운 이들을 돕기도 한다. 그리고 돈을 이용해 더 많은 부를 축적하기도 한다. 이처럼 돈은 어떤 사람들에게는 충성스런 종이 되어 봉사한다.

또한 돈은 권력으로 변하기도 한다. 잭 웨더포드는 『돈의 역사(The History of Money)』란 책에서 돈과 권력의 관계를 여실히 나타냄으로써 돈이 가진 엄청난 힘을 보여주었다.

로마시대 율리우스 케사르(시저)는 전체 시민의 3분의 1에 해당하는 32만 명에게 무료로 밀을 공급해 반대파를 따돌리고 정권을 장악했다. 또한 중세 프랑스의 왕 필립 4세는, 토지와 귀중품 소유가 늘면서 최초의 은행을 만들었던 종교기사단에게 죄를 씌워 재물을 모조리 빼앗은 뒤 화형을 시켰고, 은행 또한 사라지게 하였다. 또한 대금업으로 번성한 이탈리아의 메디치 가문은 몰락한 종교기사단의 전

돈을 악독한 주인으로 만드느냐 충성스런 종으로 만드느냐는 자기 자신에게 달려 있다. 매달 적금통장에 잔액이 쌓이고, 1년, 3년, 5년, 길게는 10년의 재테크 계획을 세워서 매년 목표금액과 매월의 저축 금액을 착실히 쌓아간다면 제대로 돈을 다스리고 있는 것이다.

돈은 사람들이 자신에 대해서 아는 만큼만 돌려준다. 어설프게 알고 일말의 요행을 바라면서 돈을 바란다면 얼마 지나지 않아 돈은 당신을 혹독하게 시험하는 주인이 될 것이다. 돈이 어디로 와서 어떻게 돌아다니다가 어디로 흘러가는지 그 흐름을 꿰뚫는 자만이 진정으로 돈을 아는 사람이고, 그들에게 돈은 충성스런 종이 되어 봉사할 것이다.

돈은 저주도 아니고 악도 아니다. 잘 다스리기만 한다면 사람을 축복하게 만드는 게 바로 돈이다. 많은 사람들이 돈을 잘못 다루어 돈을 저주의 원인으로 만들고 있다. 돈이 우리를 축복하게 할 수 있는 기회를 주자. 돈에 대한 부정적인 시각을 버리고, 돈을 잘 다스려 자신만의 충복으로 만들자.

03 | 돈은 깊은 우물에서 나온다

우물의 깊이가 깊으면 깊을수록 여름에는 물이 시원하고 겨울에는 물이 따뜻하다. 또 깊은 우물은 오염될 가능성이 적기 때문에 맑은 물을 얻을 수 있다.

재테크를 함에 있어 우물의 의미를 한번쯤 생각해보자. 우물이 깊을수록 수온이 일정하여 여름에는 시원하고 겨울에는 따뜻한 물을 마실 수 있다는 얘기는, 투자를 할 때 우리가 고려해야 할 안정성의 원칙(상대적으로 리스크가 적고 일정한 수익률을 고정적으로 달성할 수 있는 투자)과 비슷하다. 그리고 얕은 우물일수록 오염되기 쉽다는 얘기는 대충 아는 정보나 확실한 투자분석이 배제된 재테크는 경제·금융환경의 변수에 따라 실패할 확률이 높다는 얘기와 일맥상통한다.

다음은 슈바이처의 좌우명이다.

우물을 파되 한 우물을 파라. 그리고 샘물이 날 때까지.

그러나 많은 사람들은 한 우물만 파려고 하지 않는다. 여러 우물을 파려고 한다. 지하수가 솟을 때까지 깊이 파지 않고 물이 나오지 않으면 중도에 쉽게 포기하고 만다.

우물에서 맑은 물이 솟게 하려면 한 우물을 깊게 파는 방법밖에는 없다. 따라서 부자되기의 우물파기에 성공하려면 목표가 변치 않아야 한다. 그리고 끈기 있는 노력을 기울여야 한다.

여기서 의문이 생기는 사람도 있을 것이다. 오로지 한 가지 투자수단에 집중하여 원하는 수익률이 날 때까지 투자할 수는 없지 않은가?

한 우물을 깊게 파라는 얘기는 분산투자를 하지 말고 하나의 투자수단에만 집중적으로 투자하라는 게 아니라, 여기저기 얕은 지식으로 조금 파보다가 그만두는 일을 반복하지 말라는 뜻이다. 얕은 우물을 계속 파면 오염된 물을 먹을 가능성이 크다. 그리고 분산투자를 할 때도 충분한 사전지식을 가지고 검증한 뒤 투자하는 것이 투자자가 갖추어야 할 또 하나의 마인드다.

가만히 자신의 우물파기에 대해 생각해보자. 내가 지금까지 몇 개의 우물을 파왔는가를 생각해보자. 현재 자신의 모습을 객관적으로 살펴보자. 당신은 계절의 변화에도 그 온도가 변하지 않는 깊고 깊은 곳의 맑은 물을 마시고 있는가? 아니면 아직 계속 우물을 파내려가고 있는가? 지금까지 파다가 힘이 들어서 중단한 우물들이 몇 개나 되는가?

맑은 물을 마시려면 우물파기를 게을리 해서는 안 된다. 아직도 지하 저편에는 우리들이 먹지 못한 맑고 깨끗한 지하수가 고여 있다. 다만 우리들의 인내와 관심과 노력이 모자라서 아직까지 깊은 곳의 지하수까지 미치지 못함이리라. 나만의 우물파기를 꾸준히 실천하도록 하자.

04 | 수익률과 리스크의 딜레마

이솝우화에 다음과 같은 이야기가 있다.

딸을 둘 둔 아버지가 있었다. 큰딸은 정원사와 결혼했고, 작은딸은 벽돌장이와 결혼했다. 어느 날 아버지는 정원사와 결혼한 딸에게 가서, 어떻게 지내고 있는지 안부를 물었다.

그 딸은 "모든 게 아주 잘 되어가요. 소망이 하나 있다면 비가 많이 내려 나무에 물을 많이 줄 수 있었으면 좋겠어요"라고 대답했다.

그는 얼마 후 벽돌장이와 결혼한 딸에게 가서 어떻게 지내는지 물어보았다.

그 딸은 이렇게 대답했다. "전 아무것도 바랄 것이 없어요. 소망이 하나 있다면, 태양이 뜨겁고 눈부시게 빛나 벽돌이 잘 마르면 좋겠어요."

그러자 아버지가 말했다. "네 언니는 비 오기를 바라고 너는 맑기를 바라니, 나는 둘 중에서 무엇을 바래야 하니?"

정원사와 결혼한 딸과 벽돌장이와 결혼한 딸을 둔 아버지의 마음은 요즘 재테크를 하는 투자자들의 마음일 게다. 투자의 안전성과 수익성 사이에서 고민하는 투자자들의 마음과 비슷하기 때문이다.

재테크나 투자에 관심이 있는 사람이라면 누구나 'High Risk High Return' 이라는 표현을 잘 알 것이다. 고수익의 뒤에는 항상 그만큼의 위험이 따라온다는 투자의 철칙이다. 이 이야기를 꺼내는 이유는 아직도 많은 사람들이 'High Return' 에 눈이 어두워서 그 뒤에 붙어 있는 'High Risk' 를 보지 못하기 때문이다. 안전하면서 높은 수익률을 낼 수 있는 상품이 있다면 얼마나 좋을까? 하지만 조금이라도 높은 수익률을 기대할라치면 여지없이 원금손실 등 여러 가지 리스크가 따른다.

만일 내가 수익률이란 놈을 좋아하면 리스크란 놈이 질투를 한다.
만일 내가 수익률이란 놈을 싫어하면 수익률이 섭섭해 한다.
내가 수익률을 좋아하거나 싫어하면.
리스크란 놈이 질투를 하거나 수익률이란 놈이 섭섭해 한다.

3단논법이다. 내가 수익률을 좋아해도 문제고 그렇다고 멀리해도 문제가 된다. 즉 둘 중 하나를 선택하기가 곤란해진다는 얘기다. 그래서 어떤 두 가지에 대한 선택의 기로에 놓여 있을 때, 어느 한쪽을 택하기가 곤란하면 '딜레마'에 빠졌다고 한다. 더군다나 요즘 같은 저금리에서는 안전성과 수익성의 딜레마가 더욱 커진다.

그런데 이러한 딜레마를 겪지 않고 수익률이란 놈만을 챙기려는 투자자들이 많은 것 같다. 시중 금리보다 수익률이 1%만 더 높아도 수천억 원 이상의 부동자금이 다른 금융기관으로 이동한다.

하지만 재테크는 이솝우화에 나오는 아버지의 마음으로 해야 한다. 물론 장기간 저금리가 계속되는 상황에서 마땅한 투자처를 찾기가 어려울 것이다. 하지만 이럴 때일수록 신중하게 수익률과 리스크란 놈의 마음을 모두 아우르는 재테크를 해야 한다. 한쪽으로만 치우쳐서 투자한다면 큰 낭패를 볼 수도 있다.

수익률을 알아볼 수 있는 방법은 무수히 많다. 정기 예적금의 경우에는 확정금리 상품이므로 최초 신규금리가 명확한 수익률이다. 각종 펀드나 부동산 투자신탁, 후순위채권, 하이브리드채권 등은 금융기관, 특히 운용사들의 과거 실적이나 현재 경제·금융시장 동향을 봐서 대략적인 수익률을 예상할 수 있다. 마찬가지로 리스크에 대한 확인도 가능하다. 일단은 예금자보호법의 보호를 받을 수 있는 상품인지를 확인한다. 펀드 등의 간접상품은 주식, 채권, 유가증권, 실물자산(금, 부동산, 선박, 외화 등)의 운용자산들의 안전성을 고려하면 전체적인 리스크 방어 여부를 알 수 있다.

이처럼 조금만 신경을 쓰면 체계적인 재테크 포트폴리오를 짤 수 있다. 최근 들어 리스크는 등한시 한 채 오로지 높은 수익률만 하염없이 바라보는 투자자들이 부쩍 늘었다. 이는 굉장히 위험하기 때문에 반드시 피해야 하겠다. 높은 수익률 뒤에는 반드시 그만큼의 위험이 도사리고 있다는 사실을 명심하자. 고수익과 리스크를 복합적으로 고려하여 자신의 투자성향에 맞는 투자방법을 선택한다면 좋은 결과가 나올 것이다.

05 | 투자한 만큼 돌아온다

"성수동? 거기는 벌써 지난주에 가봤어요. 거기도 마땅한 매물이 없더라구요. 5% 정도 수익률 내려고 내가 지금 이 고생을 해야 하는지. 몇 년 전만 해도 이러지 않았는데."

우연히, 두 달째 여유자금을 운용할 마땅한 투자처를 찾지 못하고 있는 한 중년 부인을 만났다.

"아니, 몇 달째 이렇게 알아보러 다니시는 겁니까? 매물이 없으면 다른 투자처를 고민해보시죠?"

"여유자금이 5억 원 정도 있는데 이걸 은행에 맡기자니 3%대의 금리가 도저히 못마땅하고, 주식을 하자니 위험하고 그래서 그 동안 해왔던 임대업을 하려는 거지요. 5% 정도만 수익률이 나도 괜찮은데.

안 그래요? 요즘처럼 금리가 낮아서야 원."

"그러시군요. 그런데 얼마 동안이나 알아보셨어요?"

"한 두어 달 되죠. 서울이랑 인근 도시랑 안 가본 데가 없어요. 그래도 강남 쪽이 환금성이 괜찮을 듯싶어 집중적으로 보기는 하는데."

그러면서 손가방에서 서울시와 인근 경기도 지역을 한꺼번에 볼 수 있는 지도를 꺼낸다. 거기에는 각 지역별 매물현황과 방문일시와 결과가 빽빽하게 적혀 있었다. 두달 간 네 번이나 가본 곳도 있었다. 지하철 노선도에는 여러 가지 색깔로 꼼꼼하게 표시가 되어 있었다. 그 부인은 인터넷을 너무 많이 뒤지다 보니 시력까지 저하되었다고 했다.

5%의 수익률을 내려고 저렇게 고생하느니 차라리 수익률은 조금 떨어지더라도 안전하게 은행이나 상호저축은행 등의 상품으로 운용하면 될 텐데라고 생각하는 사람도 있을 것이다. 이분의 투자 방법이 반드시 옳다고 볼 수는 없지만 몇 가지 본받을 만한 점이 있다.

첫째, 목표수익률에 대한 확신이 서기까지는 절대로 투자하지 않는다.

금융상품이든 부동산이든 채권이든 펀드상품이든, 나름내로 사기만의 목표수익률을 정해놓고 그 수익률을 지키기 위해서 알아보고 또 알아본다. 그녀는 50대 후반의 나이에도 불구하고 인터넷까지 뒤지는 열의를 보였다. 그 열의만큼 그녀는 국내 및 국제 금융시장의 동향을 꿰차고 있었고, 보유한 자료가 상당했다. 그러한 자료와 정보수집의 결과 목표수익률을 달성하지 못한 경우는 아직까지 한 번도 없었다고 한다.

둘째, 나만의 투자 노하우가 있다.

그녀는 절대로 연립이나 다세대주택에는 투자를 하지 않고, 주식 투자는 몇 년에 한 번 정도 한다는 투자원칙을 가지고 있다. 이런 식으로 나만의 투자철칙을 지켜나간다면 갑작스런 시장의 변화에도 큰 영향 없이 일정한 수익률을 지켜나갈 수 있다.

셋째, 노력을 아끼지 않는다.

돈은 공을 들인 만큼 되돌아온다. 여기저기서 들은 얘기로 무턱대고 투자하는 두루뭉술 식 투자는 절대로 해서는 안된다. 반드시 본인의 눈으로 확인하고, 투자수익률에 대해서는 금융기관에 분명하게 확인하는 등 수고로움을 아끼지 않아야 한다.

칸트는 "나처럼 행동하라고 누구에게나 말할 수 있도록 노력하라"고 얘기했다. 나보다 가난한 사람들에게 자신 있게 "나처럼 행동하고 생활해보라"고 당당하게 얘기할 수 있는가?

돈은 자기에게 오는 관심과 시간품, 다리품, 노력의 양만큼만 수익을 주는 습성을 가지고 있다. "소 뒷걸음질 치다 쥐 잡는다"는 식으로 우연히 돈을 버는 경우는 없다. 5%의 수익률을 올리기 위해 갖은 노력을 다하는 중년부인의 예에서 알 수 있듯이, 돈은 전략과 노력이 있어야 겨우 잡힐까 말까 하다. 독하게 마음먹고 앞만 보면서 열심히 돈이란 놈을 잡아보겠다는 각오가 있어야 한다. 누구에게든 "나는 이렇게 돈이란 놈을 잡았소!"라고 큰소리칠 수 있어야 한다.

2003년의 재테크 수단별 수익률 순위에서 주식형 간접상품이 20% 대 이상의 수익률로 1위를 차지했고, 2004년에는 채권투자 수익률이 10% 남짓으로 1위를 차지했다. 2003년 주식형 간접상품과 2004년 채권투자를 통해 시장평균 수익률보다 월등히 높은 수익률을 거둔 투자자들이 과연 소 뒷걸음질 치듯이 해서 높은 수익률을 낸 것일까?

이들은 금융시장의 동향을 연구하고 결단력과 실천력을 보였기 때문에 이러한 결과를 얻은 것이다. 실제로 필자의 고객 중에는 2002년 말에 2400만 원을 모 해외펀드에 투자한 뒤 2003년 말에 해지하여 4900만 원 이상을 가져간 이도 있었다. 1년간 수익률이 100% 이상이다.

투자한 만큼 돌려주는 의리파가 바로 '돈'이자 '수익률'이란 친구들이다. 언제든지 우리가 불러만 주면 달려올 의리 있는 친구들인 것이다. 하지만 가만히 앉아 손짓으로만 부르면 오지 않는 친구들이다. 이 친구들의 자리를 만들어놓고 올 수 있는 길을 터놓아야만 온다. 여러분들의 미래를 함께할 친구들인데 이 정도의 준비와 노력은 해야 하지 않을까?

2장

돈, 어떻게 대할 것인가

金

06 | 돈이 기다리는 건 바로 당신

사람들을 만나서 얘기를 하다 보면 재테크
나 투자에 대해서 푸념 섞인 말을 들을 때가 많다.

"팀장님, 돈이 절 싫어하나 봐요. 왜 이렇게 되는 게 없는지."

"제 인생에서 부자가 되는 꿈은 버려야 할 것 같아요. 제가 가지고
있을 때는 꿈쩍도 않던 주식이 팔자마자 바로 가격이 쭈욱 올라가더
군요. 어찌나 기가 막히던지."

"작년에 팔았던 개포동 아파트가 지금은 팔았을 때 가격의 1.5배로
올랐더군요. 지지리도 복도 없지 정말. 전 아마 떨어지는 낙엽에 맞아
도 머리가 깨질 거예요."

아마도 이와 같은 생각을 하고 있거나 경험을 가지고 있는 이들이

많을 것이다. 다음 글을 읽어보자.

여행 준비를 마치고 막 길을 떠나려는 여행자가 문 쪽에서 몸을 쭉
뻗고 서 있는 그의 개를 보았다. 여행자는 한심하다는 표정으로 개
에게 날카롭게 물었다. "너는 어째서 거기서 멍하니 서 있는 거야?
너만 빼고 모든 게 다 준비되었어. 너 때문에 늦어지고 있잖아."
그러자 개는 꼬리를 흔들며 대답했다.
"오, 주인님! 저는 완전히 준비가 되어 있어요. 제가 기다리는 건 당
신이에요."

게으른 사람들은 종종 일이 늦어지는 탓을 자신보다 적극적인 친
구에게 돌리곤 한다. 혹시 여러분들도 이 여행자처럼 개에게 핀잔을
주고 있는 건 아닌지 생각해보라. 여러분들의 부자되기 여행준비가
끝나기를 기다리고 있는 건, 오래전에 준비가 끝난 '돈'이라는 개이
다. 그것도 모른 채 혼자서 시간을 허비하다가 나중에 개를 탓하는 게
아니냐는 얘기다.

'페이오픈'이라는 인터넷 사이트에서 2005년 희망을 묻는 설문조
사를 실시하였다. 항상 최우선 덕목이었던 '가정 화목과 건강'을 제
치고 1위를 차지한 것은 '재테크, 부의 증대'였다. 이것도 모자라 '창
업, 이직 성공'이 2위를 차지했다. 사람들이 가정의 화목과 건강보다
도 오히려 재테크나 부(富)의 증대를 희망하고 있는 것이다.

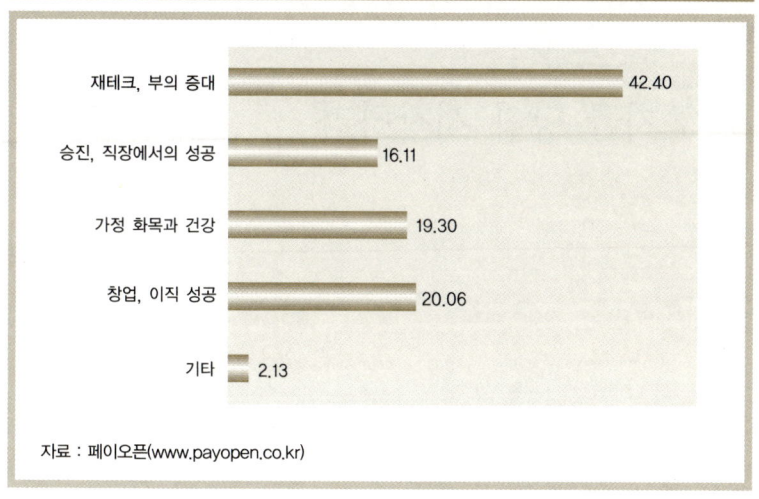

자료 : 페이오픈(www.payopen.co.kr)

 그러나 이처럼 간절히 희망하는 '재테크, 부의 증대'를 위해 과연 무엇을 준비하고 있는지 묻고 싶다. 새해의 소망이 '재테크, 부의 증대'라고 한다면, 새해부터 바뀌는 금융 관련 정책이나 제도 정도는 알고 있어야 하지 않을까? 하지만 대부분의 사람들이 단지 희망할 뿐 제대로 준비하지 않는다.

 준비 안 했다고, 나를 싫어한다고 논이란 개를 나무라기 전에 게으름과 무관심으로 준비를 못 하고 있었던 자신부터 되돌아보도록 하자. 아무런 준비도 안 한 사람들에게 자기 확신이나 냉정함을 기대할 수는 없다. 그러나 미처 준비가 안 되었다고 너무 조급해 할 것도 없다. 돈이 기다리는 건 바로 당신이기 때문이다. 충분한 여행 준비를 마친 뒤 돈이라는 개와 멋진 여행을 떠나보라.

07 | 지금 당장 시작하라

"와, 이것 좀 봐요. 2002년도 우리나라 인구의 평균수명이 77세라네요. 여자의 평균수명은 80세를 훌쩍 넘어섰대요. 이제 칠순잔치도 팔순잔치로 대체해야겠어요."

평균수명 연장에 대한 기분 좋은(?) 신문기사를 보면서 아내가 호들갑을 떤다. 글쎄, 과연 평균수명 연장이 우리들을 기분 좋게 하는 기사일까? 사람마다 느끼는 감정이 다르겠지만 필자는 반드시 기뻐할 일만은 아니라는 생각이 든다.

2004년 총인구를 연령에 따라 세 계층으로 구분하면, 0~14세인 유년인구가 총인구의 20%, 15~64세인 생산가능인구가 71.4%, 65세 이상인 노령인구가 8.7%를 차지한다. 14세 이하인 유년인구 비중은

출산율 둔화 등으로 점차 낮아지고 있으며, 15~64세인 생산가능인구 비중도 2000년 이후 감소하는 추세다. 반면, 65세 이상 노령인구비중은 2000년 7.2%로 우리나라는 이미 고령화 사회에 진입하였다. 2019년에는 14.4%로 늘어나 고령사회에 진입하고, 2026년에는 20.0%로 5명 중 1명은 65세 이상 노인인 초고령 사회에 도달할 것이라고 한다.

예전에는 사회생활을 하는 기간과 퇴직 후 사망하기까지의 기간의 비율이 60대 40이나 70대 30 정도였지만, 고령화 사회에 진입함에 따라 사회생활 기간과 퇴직 후 기간의 비율이 50대 50으로 가고 있는 실정이다. 퇴직 후 노년생활에 대한 준비가 그만큼 중요해진 것이다.

만약 85세까지 산다고 치면, 정년퇴직 나이인 55세부터 85세까지 필요한 생활비가 얼마나 될까?

정부에서 발표하는 최저생계비는 105만 5090원이다. 그럼 55세부터 85세까지 30년간 두 내외가 아무것도 안 하고 밥만 먹으며 최저생계비 수준으로만 생활한다고 해도 약 3억 7980여 만 원이 필요하다. 물론 이 금액은 주택비용을 제외한 순수 생활비다. 여기에 분기에 한 번씩 외식도 하고 1년에 한두 벌씩 옷도 사 입는다면 월평균 250만 원 정도를 생활비로 지출하게 된다. 이렇게 계산하면 필요한 금액은 정확하게 9억 원이다(통계청 발표 '2004 서울통계연보'에 따르면 서울시민 월평균 근로소득은 274만 2000원, 월평균 지출액은 236만 6000원).

계산의 편의를 위해서 일단 이렇게 생각해본 것이다. 부득이하게 55세 전에 정년퇴직하거나, 의학기술의 발달로 더 살 수도 있다는 예상은 하지 않았다. 지금부터 55세 정년퇴직 전까지 생활비만 9억 원을 모아야 한다는 계산이 나오는데, 자녀가 있다면 필요한 금액은 이보다 훨씬 늘어날 것이다.

이렇듯 수치로 본 우리의 노년은 흐리다 못해 폭풍전야 같다. 그러니 평균수명 연장에 대한 기사가 반갑지만은 않은 것이다.

최근에 한국은행에서 발표한 가계별 자산의 투자 분포에 따르면 금융자산의 분포가 예전보다 늘어났다고 한다. 저금리가 계속 이어지면서 금융상품에 대한 장점이 많이 떨어진 점을 감안하면 의외의 결과다. 이 조사결과는 부자들이 노후 대비와 안전성에 대한 준비를 철저히 하고 있다는 것을 말해준다. 실제로 5억 원 이상의 거액 은행예금(개인 및 기업의 저축성예금 기준)은 2000년 말 115조 9740억 원, 2001년 말 131조 8270억 원, 2002년 말 148조 1500억 원, 2003년 말 173조 8780억 원 등으로 빠른 증가세를 보이고 있다.

부자들은 돈이 많아서 이렇게 여유자금을 굴린다고 치부하지 말자. 우리도 할 수 있다. 자녀들의 양육비와 교육비까지 감안해서 12억 원을 만들어보자. 지금부터 30년간 매월 돈을 모아 12억 원을 만들려면 평균수익률을 6%로 잡고 단리로 계산했을 때 매월 약 190만 865원씩 모아야 한다. 맞벌이부부라면 그래도 저축할 만한 금액이다.

중요한 것은 지금부터 시작해야 한다는 것이다. 만약 10년 정도 허송세월하다가 돈을 모으기 시작해서 20년간 모은다면 매월 약 332만 6486원을 모아야 한다. 30년간 모을 때의 월평균 저축액과 상당한 차이가 난다는 것을 알 수 있다. 20년간 허둥대며 살다가 마음을 고쳐먹고 10년간 열심히 저축을 한다면 12억 원을 모으기 위해 매월 평균 약 898만 3474원을 저축해야 한다.

미리미리 노후를 대비한 재테크를 시작했을 경우 매월 저축해야 하는 금액과 몇 년을 허송세월 하다 허겁지겁 시작했을 때의 월평균 저축 금액은 엄청난 차이를 보인다. 재테크는 언제부터 해야 하는 게 아니다. 바로 지금부터 시작해야 하는 것이 재테크이다. 하루라도 빨리 돈과 친해지라는 얘기다. 노후라는 겨울을 잘 나기 위해서는 가을에 미리 온 산을 돌아다니면서 땔감용 나무를 찾아내 창고 가득히 쌓아두는 사전 노력이 있어야 한다. 움직이기가 귀찮아서 겨울준비를 해놓지 않는다면 남들보다 훨씬 혹독한 겨울을 보내야 한다. 미래를 예약하는 마음으로 지금부터 준비하고 또 준비하자. 노후를 위해서.

08 | 돈에 공짜는 없다

"에이, 뭘요. 어찌어찌 샀났는데 갑자기 지하철 9호선이 우리집 앞으로 지나가더군요. 지나가는 정도가 아니라 집에서 걸어서 3분 거리에 바로 역이 생긴다고 하더군요. 운이 좋은 거죠."

소유하고 있던 아파트 인근에 지하철 9호선 역이 생긴다는 뉴스에 아파트 가격이 급등한 회사원 K씨의 얘기다. 겸손한 그의 표현대로 그저 '운'이 좋았던 것일까? 필자는 K씨가 직접 '행운'을 만들었다고 생각한다.

우리는 보통 부자들을 운이 엄청 좋은 사람들이라고 이야기한다. 투자한 곳이 재개발지역으로 지정되거나 인근에 지하철역이 뚫려

집값이 폭등하거나, 관련 산업이나 업종의 호황으로 가지고 있던 주식 가격이 급등할 때, 정말 운이 좋은 사람이라고 시샘하듯이 얘기한다. 하지만 그들은 남이 하지 않았던 노력으로 돈을 번 사람들이다.

K씨에게 아무 생각 없이 그곳에 투자를 하셨냐고 몇 번이나 되물어보았다. 그랬더니 필자의 예상대로 그만의 투자노하우가 있었다. 그는 만약에 지금의 지하철 노선에 새로운 노선이 들어선다면 어떻게 이어질지 가상으로 몇 개의 노선을 만들어보았다고 한다. 그러던 중 지역개발 소식이나 기타 여러 가지 정황으로 볼 때 이 지역에 투자를 하면 되겠다는 확신이 생겨 부동산을 샀다고 실토했다. 이래도 K씨가 운이 좋은 사람인가? 그는 결코 운이 좋은 사람이 아니라 본인의 행운을 직접 만들어나가는 사람이다.

"그냥 이 회사는 절대로 망할 것 같지 않고 대표이사가 직접 키워온 오랜 역사를 가진 회사라서 주식을 조금 샀는데, 외국에서도 이런 점을 알아본 거겠지요."

얼마 전 외국계 회사의 M&A(인수·합병)설에 의해 보유하고 있던 회사의 주식이 폭등을 해서 큰돈을 번 가정주부 M씨의 얘기다. 역시 본인은 자기가 운이 좋았다고 얘기하지만 M씨도 자기의 행운을 만들어나간 것이다. 그는 주변의 여러 가지 소문만을 믿고 뭐 하는 회사인지도 모른 채 덜컥 주식에 투자하는 많은 개미들과 달랐다. M씨는 직접 회사의 연감을 구해서 읽어보고 관련 산업이나 업종의 발전 가능성과 그 회사의 시장지배력까지 직접 조사한 것이다.

이처럼 돈은 눈 딱 감고 묵묵히 생활하다 보면 계절의 변화에 따라 자연스레 찾아오는 첫눈이 아니다. 눈을 부라리고 여기저기 찾아다녀야 겨우 그 모습을 보여주는 네잎클로버 같은 존재다.

가령 신문에 그린벨트가 해제될 예정이라는 기사가 났다고 치자. 신문을 보면서 좋은 정보가 있으면 스크랩을 하고, 스크랩은 안 하더라도 재테크나 투자 관련 기사들을 꼼꼼히 살펴보아야만 이런 정보를 찾아낼 수 있다. 가만히 앉아 있는데 누가 와서 귀띔해주고 전달해주지는 않는다. 본인이 직접 찾아보고 알아봐야 정보를 얻을 수 있다.

땅에 떨어진 동전도 허리를 굽혀야 집어서 주머니에 넣을 수 있다. 물끄러미 바라보고 있는데 동전이 알아서 휙 날아와 주머니 속으로 들어가지는 않는다. 최소한 허리를 굽히는 정도의 수고를 해야 몇 푼이라도 얻을 수 있다는 얘기다.

"허리요? 까짓 거 돈만 모을 수 있다면 백 번이라도 굽힐 수 있지요. 동전만 눈에 띈다면 바로 허리를 굽혀서 내 것으로 만드는 건 당연한 일 아닙니까?"

누구나 이렇게 얘기할 것이다. 하지만 하느님은 모든 사람의 눈에 동전을 보이게 하지는 않는다. 똑같은 시력을 가지고 있어도 관심을 가지고 노력하는 사람에게만 살짝 동전의 위치를 알 수 있게 힌트를 준다. 아무나 집을 수 있는 곳에 동전이 떨어져 있는 것은 아니다. 잘 보이지 않는 곳에 떨어져 있는 동전들을 찾아야 하는 것이 재테크다. 그 정도의 수고는 기꺼이 감수해야만 행운을 만들 수 있는 자격이 생기는 것이다.

운(luck)은 스쳐지나가듯이 우연히 찾아오는 것이지만, 우리에게 큰 행복을 안겨주는 행운(good luck)은 우리가 직접 만들어가야 한다.

운(luck)과 행운(good luck)의 차이

운은 스쳐지나가는 것일 뿐 결코 머물지 않는다.

행운은 스스로 만들어내는 것이므로 영원히 가질 수 있다.

만일 오늘 일을 '내일'로 미룬다면

행운은 결코 찾아오지 않을 것이다.

새로운 미래를 원한다면 그 시작이 분명 있어야 한다.

그 첫발을 오늘 당장 내딛자!

– 알렉스 로비라 셀마의 《행운》 중에서 –

09 | 돈을 현명하게 다스리는 법

"절대로 돈을 거느리려 하면 안 되지. 돈은 다스려야 해. 암, 그렇고 말고."

"네, 알겠습니다. 돈을 다스려야 부자가 되는 거로군요. 즉 돈의 노예가 되지 말고 돈 위에서 군림하라는 말씀이시죠?"

"군림? 그것도 좀 표현이 안 맞는 것 같네 그려. 제일 적당한 표현은 돈을 다스리는 거라고 생각하네."

"거느리는 것과 다스리는 것의 차이는 무엇입니까?"

"누구나 처음에는 그렇게 물어보더군. 거느리는 건 말이지. 나의 말 한마디에 돈이 알아서 움직여주는 거라고 보면 되네. 즉 조직의 보스가 부하를 거느리거나 백만 장병을 거느리는 식으로, 나의 지배 아래에 두는 것이지. 그런데 내가 경험한 바로는 절대로 돈은 누구의 지배 아래에 있으려고 하지 않아. 다스린다는 것은 잘 구슬려서 관리하고 보살핀다는 의미까지 들어 있거든. 가정이나 사회, 나라를 다스린다는 게 이럴 때 쓰는 표현이잖은가. 의미보다는 다스린다는 표현이 맞지 않나 싶네."

직접 창업한 내실 있는 중소기업체를 자녀들에게 물려주고, 지금은 고문으로 있으면서 독서 등의 소일로 일과를 보내고 있는 모 기업 전직 회장과의 대화다. 오랜 세월 앞만 보고 회사를 경영했고 지금은 평화롭게 부를 누리고 있는 분이기에, 돈에 대한 설명에도 그분만의 철학이 있음을 알 수 있었다.

결국 '돈을 다스린다'는 말은 돈을 잘 보살피고 관리한다는 뜻이니, 다시 생각하면, 막무가내로 돈을 함부로 굴려서는 안 된다는 것이다.

그럼 돈을 잘 다스리기 위해서는 어떻게 해야 할까?

돈을 난에 비유해 설명해보겠다.

난은 그 종류도 다양하지만 재배방법이 각기 달라 잘 키우기가 여간 어려운 게 아니다. 예를 들어 동양난은 약간 그늘신 곳과 약간 습한 곳에서 주로 자생하므로 햇볕을 가려주고, 난석(돌의 일종) 등에 심어야 한다. 반면에 서양난은 덥고 습한 곳에 자생하므로 온도를 잘 맞추어주어야 한다. 이렇게 복잡하고 정성이 많이 들어가는 난이지만, 한 가지 원칙만 잘 지키면 된다. 원래 자랐던 환경만 잘 맞추어주면 된다는 것이다.

'돈'을 키우는 데에도 난 재배의 원칙을 적용할 수 있다. 물론 돈 재배를 난 재배에 비할 수는 없겠지만, 돈 역시 잘 자라기 위한 조건만 잘 맞추어주면 남들이 키우고 있는 돈들보다 훨씬 빨리 키울 수 있다.

그렇다면 돈이 자라기 좋은 조건은 무엇일까? 돈 역시 난과 마찬가지로 약간씩 그 방법이 다르다. 투자자의 성향에 따라서, 금융시장의 흐름과 환경에 따라서 시의적절한 투자전략이 있어야 한다.

주식투자에 대한 좋은 환경을 맞추어주려면 주식시장에 대한 충분한 지식과 사전연구가 따라야 한다. 그리고 투자하기에 적당한 시기와 종목이라는 조건을 만들어줘야 한다. 부동산에 대한 투자 역시 마찬가지이다. 부동산시장이 불황이거나 호황이라는 식의 일반적인 조건보다는, 개별 물건에 대한 투자가치와 미래의 지역 발전 가능성 등의 조건을 맞추어주면서 투자를 해야 한다. 난을 정성들여 가꾸듯이, 돈도 그 이상 몇 배의 신경을 쓰고 가꾸어야 한다. 무턱대고 지배하려 하지 않고 돈의 속성에 따라 가꾸고 보살피는 것, 그것이 바로 돈을 현명하게 다스리는 것이라는 사실을 명심하자.

3장

돈은 어떻게
움직이는가

金

10 | 금융과 돈의 행동법칙

2004년 연말에 각 은행들은 경쟁적으로 특판형 정기예금을 판매했다. 일반 정기예금이 3.6% 남짓한 금리로 실질 수익률이 너무나 낮은 상황에서, 4%를 웃도는 특별금리의 특판형 정기예금은 하나의 구세주였으리라. 수천억 원의 돈이 몰리고, 판매 개시 몇 시간 만에 판매 한도액이 바닥이 났다. 이렇듯이 시중금리보다 1%라도 금리를 더 얹어주면 엄청난 자금이 이동한다.

물론 워낙 저금리가 오랫동안 지속되고 있고 마땅한 투자처도 없으니, 한푼이라도 더 준다는 안전한 정기예금에 눈이 가는 것은 십분 이해한다. 당시 특판형 정기예금은 1년 이상 가입해야만 세금우대가 가능하니 대부분 1년 이상으로 가입했을 것이다. 그러나 2005년도

초반, 국내 금융시장의 흐름이 바뀌어 강남권 일부 재건축 아파트 가격이 상승하고, 주식시장 역시 큰 상승장세가 이어지면서 주식형 펀드는 한 달 만에 18% 이상의 고수익을 올리는 상황이 발생하였다. 이때 1년짜리 정기예금에 가입했던 많은 투자자들은 정기예금을 중도해지해서 주식이나 부동산에 투자해야 할지 고민들을 했다.

왜 이런 현상이 일어나는 걸까? 그 이유는 금융시장과 돈의 행동법칙을 모르기 때문이다. 행동법칙을 모르니 남이 하는 대로 우르르 몰려갈 수 밖에 없다. 그러나 남들과 똑같은 생각을 하고 눈앞의 작은 이익에만 집착해서는 부자가 되기 어렵다.

과연 금융시장과 돈의 행동법칙은 무엇이며, 어떻게 대응해야 할지 그 방법을 고민해보자.

• 금융시장과 돈의 행동법칙 1 • 안전한 상품 위주로 몰린다

금융시장과 돈의 행동법칙은 무엇보다도 안전성에 치우쳐 있다. 모든 금융기관들의 상품 팸플릿에서 가장 강조하는 부분은 원금보장 혹은 원금보장을 추구한다는 것이다. 일부 펀드나 신탁상품처럼 예금자보호법의 보호대상이 아닌 상품의 원금손실 가능성에 대한 안내는 돋보기로 찾아봐야 할 정도로 작은 글씨로 팸플릿 하단에 자리 잡고 있다.

이는 투자자들이 투자하고자 하는 자산의 안전 회수를 중시하고 있다는 반증이다. 여기서 알 수 있는 금융시장과 돈의 첫 번째 행동법칙은 안전한 상품 위주로 몰린다는 사실이다.

하지만 너무 안전성만 따지다 보면 여유자금 불리기를 통한 부자되기의 길은 훨씬 길어질 수도 있다는 점을 명심해야 한다. 안전한 상품 위주로 돈이 몰리다 보니, 더 높은 수익률이 예상되는 투자처가 생겨도 자금이 묶여서 남들 돈 버는 모습만 바라봐야 하는 경우가 많다.

따라서 남들이 안전성을 고려하면서 투자할 때 나 자신은 어느 정도 안전성만 갖추어진다면 수익률을 먼저 고려하는 투자 마인드를 갖추어야 한다. 안전성만 좇자니 수익률이 떨어지고, 수익률만 좇자니 안전성이 떨어지는 현재의 시장 상황에서 그 비중을 얼마나 적당히 배분하느냐가 바로 부자로 가는 투자 지도의 핵심이다.

• 금융시장과 돈의 행동법칙 2 • 수익률을 좇는다

금융시장과 돈의 두 번째 행동법칙은 수익률을 좇는다는 것이다. 금융상품에 투자하는 이유 중 하나는 수익률을 올려서 가지고 있는 돈을 불리는 데 있다. 수익률을 좇아서 투자하는 방법은 재테크의 기본 중의 기본이다. 하지만 이러한 투자방법이 간혹 낭패를 보는 경우도 있다. 눈앞의 작은 수익률에 눈이 멀어 더 큰 호재를 놓치는 경우가 많다는 점을 간과해서는 안 된다.

사기도박으로 큰돈을 잃었다는 뉴스를 가끔 접할 것이다. 사기도박꾼들의 전형적인 방법은 처음에 어느 정도 돈을 잃어주어 피해자로 하여금 믿음을 갖게 하는 것이다. 이렇게 돈에 대한 욕심을 더 내게 하여, 결국에는 큰 패로 피해자의 돈을 몽땅 취해버린다. 재테크에도 이와 유사한 함정이 있다. 눈앞의 수익률에 너무 현혹되어 앞뒤 안 가리고 돈을 쏟아넣는 식의 투자는 금물이다.

• 금융시장과 돈의 행동법칙 3 • 예고편의 다양성

금융시장과 돈의 행동법칙 중 세 번째는 예고편의 다양성이다. 예고편의 다양성은 '나비효과(The Butterfly Effect)'에서 찾을 수 있다. 나비효과는 중국 베이징에 있는 나비의 날갯짓이 다음 달 미국 뉴욕에서 폭풍을 일으킬 수도 있다는 과학이론으로, 미국의 기상학자 에드워드 로렌츠가 1961년 기상관측을 하다가 생각해냈다. 이 원리는 훗날 물리학에서 말하는 카오스 이론의 토대가 되었다. 지구상 어디에선가 일어난 조그만 변화가 변화무쌍한 날씨현상을 일으키는 것으로 보는 것이다.

나비효과는 최근 금융시장에서 '예고편의 다양성'으로 묘사되기도 한다. 예전에는 향후 금리를 전망하거나 적당한 투자처를 물색할 때

단순히 금융기관 종사자의 조언이나 본인의 감으로 하는 경우가 허다했다. 하지만 지금의 재테크 시장 상황은 어떠한가? 다른 나라의 금리인상이나 환율의 변화, 원유가격의 상승이나 하락, 국제 금가격의 등락이 내가 가지고 있는 금융상품의 수익률에 영향을 미친다. 나비효과가 금융시장에서도 드러나고 있는 것이다.

예를 들어보자. 미국의 금리가 인상되면, 국내 주식시장에 투자된 외국자본의 일부가 자국(미국) 내 채권 쪽의 투자를 위해 회수되기 시작한다. 주식매도가 늘어나면 국내 주식시장에 악재가 되어 국내 주식형 펀드 수익률이 떨어지게 된다. 국제 금가격이나 원유가격이 하락하면 일부 은행에서 판매하였던 국제 금가격 연계 정기예금이나 원유가격 연계 펀드 등의 이자율이나 수익률이 떨어진다. 그러므로 투자를 할 때는 다양해진 예고편에 대한 해석을 어느 정도는 본인이 할수 있어야 한다.

『주역(周易)』에는 "떨어지는 나뭇잎에도 의미가 있고 그것으로 인해 세상만물에 변화가 생긴다"라고 씌여 있다. 세상만물의 모든 움직임에는 다 의미가 있고, 그 의미로 인해 세상이 변한다는 것이다. 부자가 되기 위해서 필수적으로 알아두어야 할 돈의 행동법칙에도 이러한 원칙이 적용된다는 사실을 명심하여야 한다.

11 | 부동산과 돈의 행동법칙

"재테크를 하고 계십니까?"

필자가 재테크 강연회를 할 때마다 앞자리에 앉아 있는 사람에게 하는 질문이다. 질문을 받은 사람은 고개를 갸우뚱거리다가 머뭇거리면서 대답한다.

"하기는 하는데…… 많이 하지는 못하는데요."

"그렇다면 어떻게 재테크를 하고 계신가요?"

이때 등장하는 대답은 십중팔구 금융상품 일색이다.

"근로자우대저축하고 청약부금이 있구요. 보험에 조금 들어가고……."

아니 그렇다면 지금 길거리에서 생활한단 말인가? 많은 사람들 머릿속에서 부동산은 재테크 수단이 아닌 것일까?

하지만 어느 재테크 강연회를 가더라도 부동산을 빼놓고는 얘기가 안 된다. 금융상품 위주로 강의를 할라치면 약간은 지루해 한다. 하지만 부동산투자에 대한 얘기는 얼핏 비추기만 해도 다들 자리를 고쳐 앉아 던져놓았던 볼펜을 집어 들고 두 눈을 반짝인다. 왜 이런 현상이 일어나는 것일까?

부동산투자에 대한 관심은 그렇게 많으면서 현재 하고 있는 재테크 수단에 대해서 물어보면 왜 부동산 얘기는 늘 빠뜨리는 것일까. 아마도 생활의 근거가 되는 집은 재테크 수단에서 제외해야 한다는 생각이 강하게 남아 있거나, 아직 부동산 투자에는 손을 대지 못하고 있어서일 것이다.

하루빨리 이런 사고방식에서 벗어나야 한다. 전세나 월세를 살더라도 투자 유망지역에서 살아야 하고, 회사에 입사해서 새로운 근무지를 배정받을 때도 발전 가능성이 높은 지역으로 보내달라고 떼를 써야 한다. 그래야 아침저녁으로 오고가면서 보는 눈이 달라지기 때문이다.

부동산도 재테크다. 최근에 우리에게 엄청난 빈부의 격차를 느끼게 하고 기쁨과 슬픔을 안겨주기도 하는 엄연한 투자대상이다. 부동산투자에서 꼭 알아야 할 부동산시장과 돈의 행동법칙에 대해서 알아보자.

• 부동산과 돈의 행동법칙 1 • 시기적 이동

시기적 이동이란 전세 만기로 인해 2년마다 생기는 자연스런 이동, 그리고 매년 봄철이나 방학 때 일어나는 이동으로 유달리 시중자금이 부동산시장으로 흐르는 경향을 말한다. 금융시장의 변화 등 외부요인에 따라 크게 좌지우지되지 않는 행동법칙이므로 참고만 하면 되겠다.

• 부동산과 돈의 행동법칙 2 • 수익률에 따른 이동

부동산시장으로의 여유자금 유입은 과거부터 지금까지 계속되고 있다. 어느 정도 경중이 있을 뿐 1970년대 초반부터 강남, 과천의 개발과 함께 분당, 일산, 산본, 중동, 평촌 5대 신도시 개발로 부동산시장은 한 번의 투자호황기를 맞이했다. 하지만 1997년 IMF 외환위기 이후 부동산가치 대폭락을 겪었다. 그러다 분양권 전매허용과 부동산 담보대출의 활성화 등을 내세운 김대중 정부의 내수경기 살리기 정책의 영향으로 2002년 이후 다시 상승세를 나타냈다. 최근에는 정부의 부동산시장에 대한 가격안정정책이 오락가락하면서 약보합세를 나타내고 있다.

급변하는 부동산시장과 돈의 행동법칙 두 번째는 철저히 수익률에

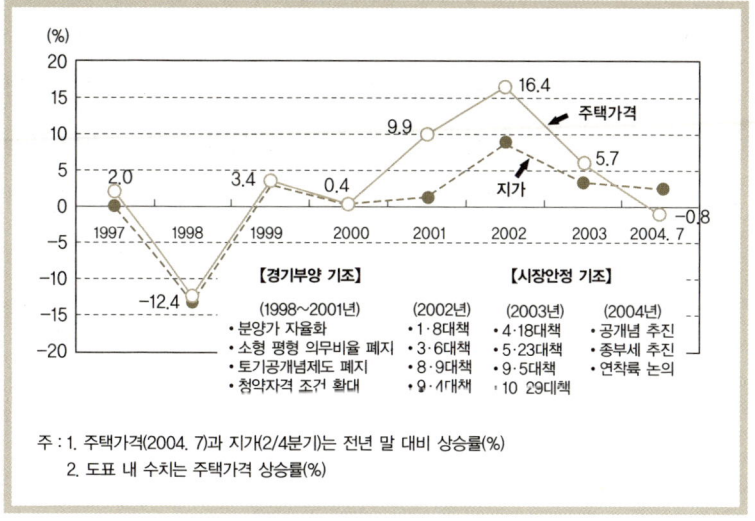

정부 시책, 주택가격, 지가 변동 추이

【경기부양 기조】

(1998~2001년)
· 분양가 자율화
· 소형 평형 의무비율 폐지
· 토기공개념제도 폐지
· 청약자격 조건 확대

(2002년)
· 1·8대책
· 3·6대책
· 8·9대책
· 9·4대책

【시장안정 기조】

(2003년)
· 4·18대책
· 5·23대책
· 9·5대책
· 10·29대책

(2004년)
· 공개념 추진
· 종부세 추진
· 연착륙 논의

주 : 1. 주택가격(2004. 7)과 지가(2/4분기)는 전년 말 대비 상승률(%)
    2. 도표 내 수치는 주택가격 상승률(%)

근거해서 움직이고 있다는 점이다.

빚을 내어 금융상품에 투자하는 사람은 없다. 은행 등을 비롯해서 금융기관의 수익은 대부분 예적금 금리와 함께 대출 금리의 차이인 '예대마진'에서 발생한다. 그렇다면 예적금 금리보다 더 싸고 저렴한 대출 금리가 있겠는가? 당연히 없다고 생각하면 된다. 물론 정부에서 일부 이자에 대한 보전을 해주는 학자금대출 등이 있지만, 아무나 받을 수가 없고 정부 보전분을 감안한다면 역시 웬만한 예적금 상품들의 금리보다는 높은 편이다.

이렇듯 대출을 받아서 정기예금이나 펀드에 가입하는 어리석은 사람은 없는데, 부동산만큼은 예외적으로 대부분의 사람들이 대출을 받아 투자한다.

따라서 부동산에 투자할 때 가장 크게 고려해야 하는 점이 바로 수익률이다. 즉 대출 금리보다 더 높은 수익률이 나와야 하고, 매도시점까지 부담해야 할 대출 이자를 반드시 고려해야만 한다. 이러한 특징 때문에 부동산투자는 다른 투자수단보다 훨씬 더 수익률 관리에 대한 부담이 크다.

실제로 최근 몇 년간 꾸준하게 가격이 오르는 지역의 특징을 보면 보편타당한 가격상승 기대감이 있다는 것이었다. 또한 분양공고 후 청약시에도 다른 지역보다 월등히 높은 경쟁률을 보이는 지역은 예외 없이 확실한 수익에 대한 보장이 있었다.

부동산은 수익이 날 것이라는 확신이 들면 바로 투자해야 한다. 대부분의 사람들은 머뭇거리다 투자기회를 놓치고 만다.

"가격상승에 대한 기대감은 있지만, 확신은 안 드네. 그리고 어디 한두 푼 투자되는 거라야 말이지. 한두 달만 더 지켜보고 생각해보자구."

이렇게 한두 달 지내다 보면 투자를 고려했던 아파트는 어느새 몇 천만 원에서 많게는 1억 원 이상 가격이 올랐다는 안타까운 얘기를 듣게 된다. 하지만 어쩌겠는가? 과감한 투자를 하지 못한 자기 자신을 탓할 수밖에.

하지만 부자들은 다르다. 정말 투자가치가 있다고 생각되면 부자들은 망설임 없이 투자한다. 부자가 되는 사람과 못되는 사람과의 차이점이 여실히 드러나는 부분이다.

12 | 투자와 돈의 행동법칙

안정성의 법칙이 강조되는 투자시장

투자수단을 불문하고 돈의 행동법칙에는 늘 수익률의 법칙이 따라오게 마련이다. 그러나 유독 주식시장과 투자시장에서만큼은 수익률의 법칙과 함께 '안정성의 법칙(리스크 회피의 법칙)'을 중요하게 여기는 경향이 많다.

이는 투자자들이 IMF 외환위기를 겪으면서 주식시장에 대한 직접투자의 위험을 몸소 터득했기 때문이다. 투자자들은 'High Risk High Return'으로 대변되는 고수익의 기대에 따르는 고위험을 주변 투자자들의 실패사례를 통해 경험했거나 본인이 직접 체험했다.

우리나라 종합주가지수의 흐름에서 역사상 1000포인트를 넘어선 때는 네 번 있었다.

맨 처음은 1989년 3월의 마지막 날, 역사적인 1000.98포인트를 기록한 후 4일 동안 1000포인트 이상 유지하였고, 1989년 4월 1일에는 1007.77포인트의 최고점을 찍고 다시 하락했다. 증시 역사상 처음으로 1000포인트를 기록하였으니 정말 역사적인 순간이 아닐 수 없었다. 당시는 1988년 서울올림픽 특수가 겹쳐 최대의 경기호황을 구가했던 때였다.

그 다음은 1994년 가을로, 가장 오랫동안 1000포인트 이상을 유지했다. 1994년 9월 16일 종가로 1000.80포인트를 기록한 후, 1994년 11월 9일에는 역사적으로 장중최고점인 1145.66포인트를 기록했다.

세 번째는 단군 이래 최대의 호황기라고 불렸던 1999년으로, 1000포인트를 두고 공방이 매우 치열했던 때였다. 1999년 7월 7일 1005.98포인트, 7월 9일에는 1027포인트를 찍고 어느 정도 조정을 받은 뒤, 11월 16일 1007포인트를 기록했고, 12월 10일부터 3일 동안 또 1018포인트까지 가더니 하락, 1999년의 마지막 이틀 동안 다시 1028.07포인트로 연중종가를 마무리했다.

그리고 2000년 밀레니엄 첫날 장중최고점인 1066.18포인트를 기록하더니 다음날부터 단군 이래 최대의 폭락장이 시작되었다. 이후 계속되는 등락을 거듭했지만 미국의 이라크전쟁 개시 이후 꾸준히 상승한 2003년도에도 돌파를 못했고, 2004년도에도 허망한 꿈으로

만 돌릴 수밖에 없었다.

그런데 5년 만에 다시 1000포인트에 도달했다. 하지만 이 역시 2005년 3월 14일 1019.69포인트를 마지막으로 다시 900포인트 선으로 내려왔고 상승 랠리는 계속되지 못했다.

주식시장에서의 돈의 흐름은 어떻게 가고 있는 것일까? 해답은 역시 시중의 자금 흐름, 즉 증시에서의 돈의 흐름에 있다. 과거 종합주가지수가 1000포인트를 넘어섰을 때 돈은 일제히 증시에 몰려 있었다.

그러나 2003년과 2004년에는 시중의 자금이 부동산을 비롯한 다양한 실물자산에 투자되고, 평균수명이 늘어나면서 노후 대비에 대한 불안감이 고조되어 연금이나 보험 등 금융상품에 집중적으로 돈이 몰렸다. 2005년, 종합주가지수가 1000포인트를 기록했지만, 과거와는 달리 고객예탁금의 증가가 현격하게 늘어나지 않았다. 그만큼 주식시장에 대한 투자자들의 불신이 크고, 직접투자의 위험성이 과거부터 충분히 학습되어왔기 때문이다.

투자 비중이 늘고 있는 주식시장

하지만 최근에 펀드상품 등의 활발한 가입으로 개인자금이 서서히 주식시장으로 돌아오고 있다. 모 증권회사의 분석 자료에 따르면, 국내

가계 금융자산 가운데 주식보유 비중은 1989년 13.7%를 최고점으로 줄곧 감소했다. 2004년 3월 말 가계 총금융자산 중에서 주식이 차지하는 비율은 5.6%(60조 6000억 원)로 사상 최저수준을 기록했다. 가계 금융자산 규모가 1985년 62조 9000억 원에서 2004년 3분기 말 1082조 원으로 연평균 44.7%씩 성장해온 데 비해, 주식투자 금액은 현상유지의 답보상태나 오히려 감소추세를 보여왔다. 하지만 최근 몇 년간 이어진 저금리 추세로 인해 다른 금융상품이나 투자자산에 대한 수익률 기대가 줄어들면서 주식투자 비중이 점점 늘어나고 있다.

주식 보유비중이 현재 5.6%에서 1993년 이후 평균 주식 보유비중인 6.8%까지 높아진다면, 약 12조 9000억 원에 이르는 자금이 주식으로 들어온다는 계산이 나온다(2004년 가계 총금융자산 1082조 원 기준). 이러한 예상의 근거는 이미 약 8조 원 대의 시장을 형성한 적립식펀드 등 간접투자상품의 가입률 증가에서 찾아볼 수 있다. 이는 재테크 개념이 '저축'에서 '투자'로 변화하고 있음을 보여준다.

남들과 다른 투자 혜안을 가져라

재테크는 철저한 심리싸움이다. 주식이든 부동산이든 채권이든, 보유자산을 매수 당시 가격보다 높은 가격으로 다른 사람이 매수한다면 여기에서 발생하는 매수가격과 매도가격의 차이가 바로 수익률이기 때문이다.

주식시장에서 돈의 흐름도 마찬가지다. 매수 기회를 노리는 사람들이 매도 기회를 기다리는 사람들보다 많다면 주식시장은 상승하게 마련이다. 매수 대기자금의 규모나 주식투자자들의 투자 심리가 어떠하느냐가 투자 판단의 중요한 기준점이기 때문이다. 투자시장에서는 남들과는 다른 투자 마인드와 실천만이 승리할 수 있는 방법이다.

한 가지 간과해서는 안 될 점은 종합주가지수 1000포인트라는 산만을 바라보지는 말자는 것이다. 즉 주식시장이 아무리 호황이라 하더라도 반드시 떨어지는 종목이 있고, 반대로 종합주가지수가 대폭락을 하더라도 상승하는 종목이 있다는 점을 명심하라는 얘기다.

산만 바라보지 말고 개별 나무들을 찬찬히 바라볼 수 있는 여유로움을 갖도록 하자. 앞으로도 계속 분위기만 살아난다면 종합주가지수 1000포인트 시대 운운하면서 매스컴에서 얼마나 떠들어댈지 모른다. 그럴 때일수록 주식시장이나 투자시장에서만큼은 '수익률의 법칙' 과 함께 '안정성의 법칙' 이 함께 와야 한다는 것임을 명심하자. 인내심과 끈기로 똘똘 뭉친 가치투자자가 되어보는 건 어떨까?

13 | 인간의 삶과 돈의 행동법칙

'돈'이 사람들에게 보내는 메시지

제 이름은 '돈'입니다. 언제부터 제 이름이 '돈'으로 지어졌는지는 저도 알 수 없습니다. 그냥 사람들이 그렇게 부르더군요. 가끔씩 사람들끼리 '돈돈돈' 하며 소리를 지르기 때문에 제 이름을 모르는 분은 아마도 없을 겁니다. 강원도 산골짜기에서 혼자 사시는 분이나 불의의 사고로 기억력을 잃은 분들조차도 저를 안 잊어버리시더군요.

아무튼 너무나 오랜 세월 저는 사람들과 같이 살았으며, 희로애락을 같이했습니다. 제가 그분들의 희로애락의 원인을 제공한 적도 많은 것 같습니다.

그래서 저도 성의를 보여드리려고 나름대로 사람들에게 선물을 준비하고는 하지요. 저는 신기한 능력을 가지고 있거든요. 언제든지 마음만 먹으면 플라나리아가 분열번식하는 것처럼 저를 늘릴 수 있다는 겁니다. 하지만 사람들은 저의 이러한 능력을 늘 의심하는 것 같습니다. 때로는 진정 저를 믿어준 분들에게 충분히 저의 번식력을 보여드리는데도 말입니다.

제 능력이 아무 때나 발휘되는 건 아닙니다. 저는 늘 많은 사람들의 시기와 질투와 욕심의 대상이 되었기에 신으로부터 커다란 벌을 받았습니다. 즉 진정 저를 믿고 기다리는 몇 분들에게만 제 능력을 보여줄 수 있다는 것과 함께, 저에게 관심과 믿음이 없는 분들에게는 오히려 그 수를 줄게 하여 손해를 보게 만드는 벌입니다.

저 역시 제 능력을 모든 사람들에게 선물로 나누어드리고 싶은 마음이 굴뚝같습니다. 저로 인해서 사람들이 싸우는 건 싫거든요. 제가 원하는 만큼 늘어날 수 없다 보니, 사람들은 자기들만의 게임을 만들었습니다. 주식이나 부동산 등 몇 가지 게임기구를 이용해 저의 분열번식 능력을 시험해보고 저의 선물을 나누어깃는 것입니다. 이때 제게 믿음을 주시고 애정을 주시는 분들에게는 제 선물을 나누어드리고, 조바심으로 저의 분열번식을 기다리지 못하는 분들에게는 손해를 안겨드리고 있습니다.

돈의 분열번식을 돕는 촉매제—믿음을 가져라

오늘은 특별히 여러분들께 저의 분열번식을 도울 수 있는 촉매제를 알려드리려 합니다. 저의 귀띔을 꼭 참고하시어 저의 선물을 받아가시기 바랍니다.

돈, 즉 저의 분열번식에 도움이 되는 촉매제 중 으뜸은 바로 저에 대한 믿음입니다. 사람들이 저를 믿지 못하고 멀리한다면 저 역시 그분들과 멀어질 수밖에 없는 것이지요. 우리가 실패한다고 믿으면 우리는 실패합니다. 이것이 바로 믿음의 힘이며 기적이라고 생각합니다.

투자게임에서 늘 성공하는 사람들의 특징은 저에 대한 믿음이 강하다는 것입니다. 아울러 투자자 자신에 대한 믿음 역시 대단한 분들이지요. 반드시 성공한다, 반드시 부자가 된다(저를 많이 가지고 있으면 '부자'라고들 부른다네요)는 믿음이 있어야 실제로 이루어진다고 생각합니다. 또한 과거부터 지금까지 수천 년을 이어져오면서 지켜보면 이러한 법칙이 그대로 반영되었지만, 사람들은 이러한 점을 잘 알고 있으면서도 믿음 없이 주위 사람들의 현혹의 소리에만 귀를 기울이고 제게는 믿음을 주지 않는 분들이 대부분이었습니다. 제게 여러분들의 부자되기라는 '믿음'의 촉매제를 수십시오.

저의 분열번식을 돕는 두 번째 행동은 바로 욕심을 버리는 겁니다. 신문이나 인터넷 사이트 등에서 저에 관한 기사들을 살펴보면 하나같이 최고의 수익률에 대한 기사 일색입니다.

'2005년 1월 코스닥 수익률 세계 최고'

'XX자산 운영 OO펀드 1년 누적수익률 34% 달성'

'강남 △△아파트 분양가 대비 102% 가격 상승'

　이런 류의 기사들은 수익률에 대한 기대치를 지나치게 높게 만듭니다. 심리에 대한 이론 중에 '대조효과'라는 게 있습니다. 가벼운 것을 먼저 들어보고 무거운 것을 들었을 때의 느낌이, 처음부터 무거운 것을 먼저 들었을 때의 느낌보다 더 무겁게 느껴진다는 겁니다. 그리고 뜨거운 물에 손을 넣었다가 미지근한 물에 손을 넣으면 약간 차갑다는 느낌이 듭니다. 반대로 아주 차가운 물에 먼저 손을 넣었다가 미지근한 물에 손을 넣으면 아까와 같은 온도의 물이라도 이번에는 따뜻하다는 느낌을 받습니다.

　투자에 있어서도 마찬가지입니다. 늘 최고의 수익률을 내는 상품에 대한 뉴스나 통계를 보기 때문에, 자신의 재테크 수익률에는 만족하지 못하는 게 사람들의 심리상태입니다. 그러다 보니 너무 욕심을 부리다가 정작 매도해야 하는 타이밍을 놓치기도 하고, 한 걸음 늦게 투자해서 별 이익을 못 내기도 하는 것이지요. 욕심은 저의 분열번식에 하등 도움이 되지 못합니다. 그저 나만의 적당한 수익률을 정해놓고 그 눈높이에 맞추어서 저를 대해주시면, 열심히 분열번식을 해서 선물을 드리도록 하겠습니다.

늘 관심을 가져라

저의 분열번식을 돕는 마지막 행동은 저에게 늘 관심을 가지는 겁니다. 흔히들 사람들은 얘기합니다. "'돈'을 싫어하는 사람이 어딨어? 늘 '돈'만 생각하면서 생활하는데."

하지만 이렇게 말하는 사람의 일상생활을 가만히 살펴보면, 저에 대한 관심은 눈꼽만큼도 찾아볼 수 없습니다. 신문에 좋은 기사가 나도 그냥 시큰둥하게 넘어가고, 인터넷에 좋은 정보가 있어도 저를 찾아서 다리품이나 손품, 시간품을 팔 생각을 안 합니다. 주말에 집에서 뒹굴뒹굴 할 줄만 알았지, 저의 분열번식을 위해서 노력하는 모습은 전혀 볼 수 없지요. 이런 분들에게 제가 굳이 선물을 드리고 싶은 마음은 없답니다.

반대로 늘 신문에 좋은 기사가 있으면 스크랩을 하거나 오려서 책상 앞에 붙여놓고, 저에 대한 관심과 목표가 비슷한 분들끼리 모여서 같이 공부를 하며, 저에 대한 소식이 있으면 만사 제쳐두고 달려오는 분들이 계십니다. 이런 분들에게는 저도 기를 쓰고 분열번식해서 선물을 드리려고 하지요. 가만히 앉아서 제가 알아서 오기만을 기다리는 분들에게는 절대로 가지 않습니다.

오늘 여러분께 말씀드린 몇 가지를 꼭 가슴에 새겨두시고, 제게 여러분들께 선물을 드릴 기회를 주시기 바랍니다.

2부

부자의 심리

부자와 보통 사람의 차이점은 부자들은 사고방식과 행동에서 돈 버는 습관이 몸에 배어 있다는 점이다. 부자들이 어떤 습관을 가지고 있고 어떻게 사고하는지 안다면, 부자로의 길을 더 빨리 갈 수 있을 것이다. 가난해도 부자의 줄에 서라 했다. 부자들을 많이 만난 재테크 컨설턴트가 알려주는 부자들의 돈 버는 노하우, 그리고 부자가 되기 위한 지름길을 알아보자.

| 부자는 무엇이 다른가 | 부자, 어떻게 될 것인가 | 모든 생활에서 부자 마인드를 유지하라 |

4장

부자는 무엇이 다른가

富

14 | 재테크는 게임을 즐기듯 하라

게임에서 투자전략을 배운다

전 세계 수많은 지역에 엄청난 땅을 갖고 있었지만 우리 부부는 파산하고 말았습니다. 제가 서울을 가지고 있었건만, 그리고 땅도 제일 많이 갖고 있었건만, 싱가포르에 호텔 5개와 빌딩 2개 올려놓은 곳을 두 번 머물다 보니 파산하고 말았습니다. 우째 이런 일이. 그래서 깨달은 것이 '서울이고 뭐고 다 필요 없다. 땅 하나 잘 사서 호텔, 빌딩 몰아서 세우자!' 입니다.

모 인터넷 개인 홈페이지에 올라온 어느 가정주부의 글이다. 정말

20여 년 전 한 잡지에 실린 블루마블 광고

엄청난 재벌이었거나 부자였던 것 같다. 전 세계 여러 지역에 땅을 가지고 있었고 서울을 가지고 있었다니, 이건 무슨 말인가? 위 내용은 젊은 가정주부의 '블루마블(Blue Marble) 게임' 후기담이다.

1980년대 초, 블루마블은 자치기나 땅따먹기, 딱지놀이 등을 하던 아이들에게 엄청난 충격을 안겨주었다. 동시에 아이들의 사랑을 한 몸에 받았다. 블루마블을 언급하는 이유는 이 게임이 당시 아이들이 가지고 있던 돈의 개념을 완전히 뒤흔들어놓았기 때문이다. 호텔이나 빌딩을 지어서 임대료를 받는가 하면, 가지고 있는 돈이 떨어지면 파산하고 마는 냉혹한 자본시장의 생리를 일깨워주었다. 아이들은 게임을 즐기면서 투자원칙과 전략을 배우고 실천해볼 수 있었다. 그러나 한편으로는 돈의 가치와 의미를 퇴색시키는 비교육적인 면도 없지 않았다.

블루마블의 매뉴얼 가운데 '카네기 작전'이라고 있다. 여러 사람이 자주 통행하는 곳이 어느 곳인가를 알아두었다가, 그 지역에 빌딩이나 호텔을 집중적으로 지어서 임대수익을 극대화하는 것이다. 이는 부동산투자에서 기본 중의 기본이다. 필자가 아는 지인 중에도 블루마블의 '카네기 작전'을 펼쳐 성공한 이가 있다.

서울 강남에 작은 건물 하나를 신축한 B씨는 건물 신축 후 반경 1km 이내의 상권을 하나하나 분석하기 시작했다. 일 주일 이상 신축 건물 앞을 지나가는 사람들의 연령층과 시간대별 유동인구의 수치를 통계 내어서 어떤 업종의 가게가 들어오면 수익성이 좋겠는지를 직접 조사하였다. 조사 결과 젊은층이 많이 지나갔고, 낮 시간대 중에서도 오후 5시부터 8시 사이에 가장 많이 지나간다는 점에 착안하여 1층에는 대형 커피전문점, 2층에는 저녁 8시까지 운영하는 모 미용실 체인점에 세를 주어 성공을 거두었다.

블루마블 매뉴얼 가운데 '링컨 작전'이라는 것도 있다. '링컨 작전'은 게임 초반에 유력한 곳만 골라 집중적으로 빌딩이나 호텔을 지은 후 기다리는 것으로, 세계 곳곳에 별장 한 채씩 짓는 방법보다 몇 지역에 뭉쳐 짓는 것이 효과적일 수 있다. 블루마블에서 건물의 등급이 높을수록 임대료 수익은 훨씬 더 커지게 된다. 따라서 등급이 낮은 건물 여러 개보다는 등급이 높은 건물 한두 개가 더 효과적이다. 즉 투자가치가 높은 건물 하나가, 투자가치가 없고 세금만 많이 부담해야 하는 건물 몇 개보다 낫다는 의미이다. 이 얼마나 부동산시장의 현장감을 느낄 수 있는 게임인가?

카네기 작전과 마찬가지로 링컨 작전도 실전에서 충분히 통하는 작전이다. M씨는 고향에 있는 건물 두 채와 아파트 한 채를 처분했다. 그 뒤 서울의 목 좋은 지역에 건물 한 채를 사서 임대수익률이나 가격상승 면에서 모두 성공을 거두었다.

재테크는 게임을 즐기듯 하라

게임을 통해 우리는 한순간 기쁨을 충분히 만끽할 수 있다. 반면 그 기쁨은 게임이 끝나면 같이 없어지고 마는 것이 단점이다. 만약 기쁨을 오래 만끽할 수 있는 게임이 있다면? 누구나 여기에 빠져들지 않을 수 없을 것이다. 그것은 바로 '돈모으기' 게임이다. 저축이나 재테크에 대해서 게임이라는 호칭을 갖다 붙일 수 있느냐고 반문할 독자가 있을지도 모르겠다. 하지만 '돈모으기'를 게임하듯이 즐기면서 실천하고 있는 부자들이 많다. 블루마블 게임을 즐기듯이 재테크를 실천해보자.

돈을 모으기 위해서 재테크를 하게 되면 기대한 수익률이 손에 잡힐 듯 안 잡히는 경우가 간혹 있다. 그럴 경우 대부분의 사람들은 한

곳에 모든 것을 투자하는 어리석음을 범하게 된다. 성공하지 못하면 끝장이라는 생각만큼 위험한 발상은 없다. 물론 굳은 각오를 다지기 위해서 극단적으로 생각할 수도 있겠지만, 긴장과 압박이 지나친 상태에서 투자를 한다면 순간적인 판단 오류를 범할 가능성이 높다.

지나친 역량을 쏟아서 정열을 낭비해서는 안 된다. 내가 변화시킬 수 없는 시장의 흐름이라면 적절한 타이밍을 잡는다는 생각으로 한걸음 뒤로 물러서서 바라보는 여유로움을 가져야 한다. 아등바등한다고 주식시장이 상승하는가? 전전긍긍한다고 어렵게 사놓은 아파트 가격이 올라가는가? 끙끙댄다고 저금리가 하루아침에 짭짤한 고금리로 변하는가?

블루마블을 하다 보면 호텔이나 빌딩이 많아져서 한눈에 안 들어오는 경우가 생긴다. 이럴 땐 어떻게 해야 하는가? 잠깐 일어서서 전체적인 흐름을 바라보아야 한다. 어떻게 진행해야 할지 전략을 세우고 확률도 계산해야 한다. 즉 2개의 주사위를 굴리면 2~12까지의 숫자가 나오게 되는데, 7이 나올 확률이 가장 높고 나머지 숫자가 비슷한 비율로 나올 거라면 그러한 점까지 고려해서 투자를 해야 한다.

물론 엄청난 돈 앞에서 초연해진다는 게 쉬운 일은 아니다. 하지만 투자자들의 애간장을 태우는 게 투자의 특성이다. 그러니 모든 것을 얻지 못하면, 아무것도 없다는 식의 생각은 버리자. 오히려 은행의 정기예금 금리보다 조금만 더 받으면 된다는 식의 의연한 마음으로 투자를 하자. 그러면 적당한 투자 타이밍과 매도 타이밍이 보이게 될 것이다.

15 | 밝혀야 돈을 번다

영국의 한 연구소에서 재미있는 실험을 한 적이 있다. 비영어권 국가 102개국 4만여 명의 사람들에게 70개의 단어를 제시하고 가장 좋아하는 단어를 고르게 했다. 1위가 어머니였고, 2위가 열정, 3위가 미소, 4위 사랑, 5위 영원, 6위 환상적, 7위 운명, 8위 자유(freedom), 9위 자유(liberty), 10위 평온 순이었다. 돈을 좋아하는 일반적인 사람들의 속성에 비해 순위에 '돈'이 없었던 것이 약간 의외였다.

결혼 3년차 주부인 20대 후반의 L씨는 돈모으기가 취미라고 자신 있게 말한다. 맞벌이부부인 L씨의 회사 사무실 책상서랍 하단에는 커다란 돼지저금통이 떡 하니 자리 잡고 있다. 주로 500원짜리 위주로 저금통을 채우기 때문에, 나중에 뜯어 보면 현재 납입하고 있는 적금의 한 달 납입액은 충분히 나온다고 하니 무시 못할 금액이다. 이런 이유로 그녀는 웬만한 거스름돈은 500원짜리로 받고, 틈만 나면 100원짜리를 챙겨서 500원짜리로 교환한 다음 저금통을 채우곤 한다.

이뿐만이 아니다. 그녀는 저축통장을 5개나 가지고 있는데, 저축통장의 자동이체 내역을 출력해서 냉장고에 붙여놓는다. 냉장고 문을 열 때마다 또는 냉장고 앞을 지날 때마다 이들 부부는 현재 자신들의 재테크 현황을 한눈에 볼 수 있다. 또 목표에 얼마나 가까워졌는지, 앞으로 얼마나 나아가야 하는지를 늘 염두에 두고 미래의 그림을 그려나가는 것이다.

그녀의 돈모으기는 여기서 그치지 않는다. 그녀는 정기적금 통장 외에 수시로 입금이 가능한 적금통장을 가지고 있는데, 이 통장에 들어갈 돈을 마련하는 방법이 매우 인상적이다. 자동이체를 하거나 생활비 등을 인출한 후 남는 10만 원 이하의 끝전을 무조건 수시입금식 적금에 넣는 것이다.

예를 들어 이번 달 급여로 250만 원이 입금되었고, 급여일 저녁에 자동이체로 근로자우대저축 50만 원, 청약부금 30만 원, 장기주택마련저축 20만 원, 적립식 펀드 15만 원이 나가고 남는 잔액이 135만 원이라면 35만 원은 은행 갈 때 무조건 수시입금식 적금통장에 넣는다. 또한 신용카드 결제금액이 빠져나가고 남은 잔액에서 다시 10만 원대 미만은 수시입금식 적금통장에 넣는다. 이런 식으로 자투리 금액을 저축하다 보면, 어느새 꽤 많은 금액이 모인다고 한다.

'너무 돈을 밝힌다'는 평은 사실상 본인의 입장에서는 상당히 기분 나쁜 얘기지만, 발상의 전환을 통해 '돈을 좋아하고 돈모으기가 취미다'는 평을 듣는다면 그다지 부정적으로 들리지는 않을 것이다. 그럼 결론은 간단하다. 돈을 사랑하고 좋아하고 돈을 모으는 걸 취미로 삼아보자. 월급을 받는 것은 취미라고 할 수 없다. 하지만 돈모으기를 본업으로 삼고 스트레스를 받는다면 제대로 된 실천이 어려워진다. 의무감과 책임감으로 하다 보면 그만큼 시야가 좁아지고 한쪽으로 치우치게 마련이다. L씨처럼 '돈모으기'를 취미로 삼자. 그래야만 부담 없이 습관적으로 '돈'이란 놈을 좋아할 수 있게 된다.

필자가 강의를 할 때 가끔 인용하는 영어 문구가 있다.

I become what I think about.

무엇이건 내가 생각한 대로 된다는 자기암시적인 표현이다. 한편으로는 무슨 일이건 자신감을 가지고 된다고 생각하고 해야지, 지레짐작으로 안 된다고 생각하면 될 일도 안 된다는 의미라고 받아들일 수 있다. 돈을 사랑하고 돈과 친해지기 위해 노력하다 보면 돈도 어느새 나에게 사랑을 주고 곁에 있게 될 것이다.

예전에 어떤 영화에서 학창시절에 주인공 여자를 사랑한 남자가 마치 남이 써놓은 것처럼 교내 곳곳에 낙서를 해놓는 장면이 있었다.

'누구누구는 누구와 사귄다' '누구누구가 어디서 뽀뽀하는 걸 봤다' 라는 식으로. 낙서를 본 주위 사람들이 자연스레 그 낙서를 사실로 생각하게 되고, 주인공 여자도 이 남자가 싫지만 않다면 사랑하는 마음이 생긴다는 결론이다.

일부러 주위 사람들에게 자신의 목표나 계획을 얘기하는 사람들이 있다. 그렇게 얘기함으로써 마음을 다지고 또한 주위 사람들로 하여금 독려를 부탁하는 의미도 있으리라.

모든 사람들의 열망 중 하니인 '부자되기'도 마찬가지 맥락이다. 어릴 적부터 부자에 대한 자기암시적인 생각과 실천을 했던 사람과 아무 생각없이 지내왔던 사람과의 미래 모습은 달라질 수밖에 없다. 어디 가서 자기 소개할 때도 당당하게 취미를 밝히자. "제 이름은 ○○이구요. 나이는 △△살이고 취미는 바로 '돈모으기' 예요."

16 | 자료 수집은 재테크의 밑거름

"서 팀장님. 연 27% 이상의 높은 수익률을 낼 수 있는 재테크 방법이 있는데 들어보셨어요?"

"사모님, 또 어떤 허위 광고를 보시고 저를 놀리시는 거죠? 기획 부동산 광고나 사금융 광고인가요?"

"에이, 팀장님도 아직 못 보셨구나. 이거 보세요. 동유럽펀드가 올해 수익률이 이렇게 높다네요. 호호호."

S씨가 핸드백 속에서 신문기사를 꺼내어 보여준다. 정성스레 오린 신문기사에는 해외의 유수 운용사에서 운용하는 동유럽펀드의 수익률이 27.3% 달성 중이라고 나와 있었다. 또한 월드에너지펀드나 라틴아메리카펀드들도 20% 이상의 상당히 높은 수익률을 달성하고 있

S씨가 필자에게 보여준 2004년 10월 11일 모 일간지 신문기사

였다.

　S씨에게 이러한 펀드들은 그만큼의 리스크도 가지고 있기 때문에 수익률 제고 차원에서 여유자금의 일정 비율을 분산투자하시라고 조언을 해주었다.

　S씨는 남편이 개인병원을 운영하고 있고 본인도 분당에서 소아 치과병원을 운영하고 있기에 아등바등하면서 재테크에 애쓰지 않아도 될 만큼 넉넉하다. 그런데 늘 S씨는 경제기사 스크랩에 열성적이다. 그리고 항상 주식에 대해서 모의투자를 한다. 병원 일도 바쁘고 아이들에게도 신경을 써야 하는 1인 다역의 S씨를 보면 대단하다는 생각

이 든다.

필자가 만나본 많은 부자들은 창조적이고 상상력이 풍부하다. 어느 지역에 지하철이 개통되고, 커다란 건물이 들어서면 인근 교통이 어떻게 변하고 개발이 어떻게 진행될지 이미 그들의 머릿속에는 그림이 그려지는 듯하다. 또한 몇 개월 후의 투자를 위해 늘 신문기사나 기타 정보를 활용해서 꾸준하게 자료를 수집한다. 자료만 수집하고 방치하는 게 아니라 밑줄까지 그어가면서 자기만의 재테크 족보를 만든다.

부자들의 상상력은 천성적인 것도 있겠지만 꾸준히 훈련한 결과라 할 수 있다. 그 훈련 방법 중에는 각종 퍼즐문제 풀기나 쉬운 계산식 빨리 풀기 등의 수리적인 방법도 있겠지만, 신문 스크랩, 인터넷에 나오는 관련 정보나 칼럼을 꾸준히 읽는다든지 재테크 강연회에 직접 참석하는 등 다양한 방법이 있다. 이러한 훈련을 통하여 자신도 모르게 부자가 되기 위한 실력을 쌓는 것이다.

늘 습관적으로 재테크 관련 기사와 정보를 살펴보아야 한다. 자주 부동산 시장의 동향을 답사하러 다녀야 한다. 그렇게 현장의 모습을 정확하게 파악해두어야 나중에 정말 필요할 때에 남들보다 앞서서 결정하고 실천할 수 있는 것이다. 한 줄의 신문기사를 가지고 한 페이지의 칼럼을 쓸 수 있어야 하고, 한 페이지의 신문기사를 가지고 하나의 리포트를 만들 수 있어야 한다.

지금 이 시간에도 대부분의 부자들은 하나의 리포트에 만족하지 못하고 한 권의 책이라도 쓸 것 같은 기세로 자료를 수집하고 그들의 상상력을 키우는 훈련을 하고 있는 것이다.

여러분의 뇌를 부자의 뇌로 키울 수 있는 훈련을 실생활에서 해보자. 그 첫 번째 실천은 바로 끊임없이 재테크 관련 정보를 수집하는 것이고, 두 번째는 여러분들이 직접 저자가 되어 재테크 책을 써보는 것이다. 머릿속에 목차를 그려가면서 시도해보자. 목차가 나왔으면 당연히 그 목차에 어울릴 만한 자료를 수집해야 하지 않겠는가?

17 | 명함 한 장도 소중히, 부자의 인맥관리

인맥이 재산이다

2차대전 후 일본 경제를 일으킨 3명의 경영자 가운데 한 명이자, 동양인 최초로 미국의 자동차 명예의 전당에 입성해 '기술의 혼다'를 이룩한 혼다기연의 창업자 혼다 소이치로는 독특한 인간관과 인맥 활용법으로도 유명하다. 매년 7월에는 혼다의 집에서 은어 낚시회가 열린다. 혼다의 팬들이 백 명 가까이 모여서 떠들어대고 노니, 북적대기가 이로 말할 수 없다. 혼다는 재산보다는 친구들을 만들고 그들을 기쁘게 해주는 데 보람을 느끼고 삶의 의미를 찾는다. 정치가, 은행가, 학자 등 여러 가지 직업에 종사하는 다양한 사람들이 그 낚시회를 통해 네트워크를 형성했다고 한다.

다음은 혼다의 인맥관리 포인트다.

- 남에게 늘 좋은 인상을 주려고 노력한다.
- 약속시간은 어떠한 일이 있더라도 지킨다.
- 남에게 돈을 벌게 해준다.

CNN의 창업자 테드 터너는 미디어의 황제라 불리는 동시에 인맥의 황제로도 칭송된다. "사업은 인맥 없이는 불가능하다"는 것이 그의 신조이고, 그는 신념을 직접 실행해서 성공한 진정한 비즈니스맨이었다. 1986년 그가 50만 달러를 출자해서 만든 'Better World Society'는 범인류적 안목에서 핵 문제, 군축 문제, 환경 문제를 생각해보자는 취지에서 만들어졌다. 이 단체에는 각계의 유명 인사들뿐만 아니라 고르바초프와 등소평, 이라크의 후세인도 가입했다고 하니, 그 네트워크 범위가 얼마나 넓은지 알 만하다. 처음 테드 터너가 이 단체를 만들었을 때, 사내외의 비판자들은 이 협회를 '논 먹는 벌레'라고 비꼬았지만, 터너는 이를 일축하고 인맥을 살려 사업을 성장시켰다.

이러한 인맥관리가 사업에만 필요한 것은 아니다. 우리는 흔히 "사람이 재산이다"는 말을 자주 한다. 주변에 친하게 지내거나 아는 사람이 많으면 아무리 어려운 일을 당하더라도 잘 극복할 수 있다. 이러한 직접적인 도움 외에도, 책이나 학교에서 배우지 못한 인생 교훈이나 지식을 주변 사람들을 통해 배우기도 한다.

인맥관리의 중요성을 모르는 사람은 없을 것이다. 하지만 이를 잘 실천하는 사람은 드물다. 반면에 부자들의 인맥관리에는 일반인과는 남다른 무엇이 있다.

첫째, 부자들은 인간관계를 맺을 때 상대에게서 자기보다 나은 점을 찾으려고 노력한다. 고객 중에 100억 원대 이상의 재산가인 C씨가 있는데, 그는 필자를 만날 때면 항상 조그만 손수첩과 볼펜을 꺼내든다. 혹시 메모할 게 없는지, 나중에라도 확인해볼 이야기가 없는지 적어놓기 위함이란다.

둘째, 부자들은 명함 관리에 철저하다. 받은 명함을 소홀히 관리하다 연락처를 찾기 위해 한참을 헤매거나 중요한 연락을 하지 못해 곤란을 겪은 기억이 한 두번씩은 있을 것이다. 물론 최근에는 컴퓨터를 활용해서 전자명함에 등록해놓는다든지 하는 직장인들도 많아졌지만 대부분의 사람들이 명함 관리에 소홀하다. 반면 부자들은 하나같이 명함 관리에 철저하다. 그들은 인맥을 재산이라 여기기 때문이다. 꼼꼼하게 수첩에 연락처를 정리해놓는 사람이 있는가 하면, 명함철 대신 사진첩에 명함들을 카테고리별로(친구, 사업, 금융기관, 부동산 등등) 정리해놓는 이도 있다.

부자들이 이처럼 인맥관리에 철저한 이유는 인맥이 재산이라는 사실을 누구보다도 잘 알고 있기 때문이다. 예를 들어 절세를 할 때도 이들은 수수료를 내고 세무사에게 일임하기보다는, 주변인들에게 최적의 자금운용 방법에 대해서 자문을 구한다. 부동산투자에 있어서도 인맥을 동원하여 다양한 지역의 개발 가능성이나 투자 유망성에 대한 정보를 수시로 얻어낸다.

나만의 인맥쌓기, 어떻게 할까

지금 당상 백지 한 장을 펼쳐보자. 그리고 현재 자신이 몸담고 있는 인맥 네트워크가 몇 개나 있는지 그려보자. 가운데 나 자신을 그려넣고 화살표로 내가 속한 모임 등 커뮤니티를 표시해보자. 그리고 중요

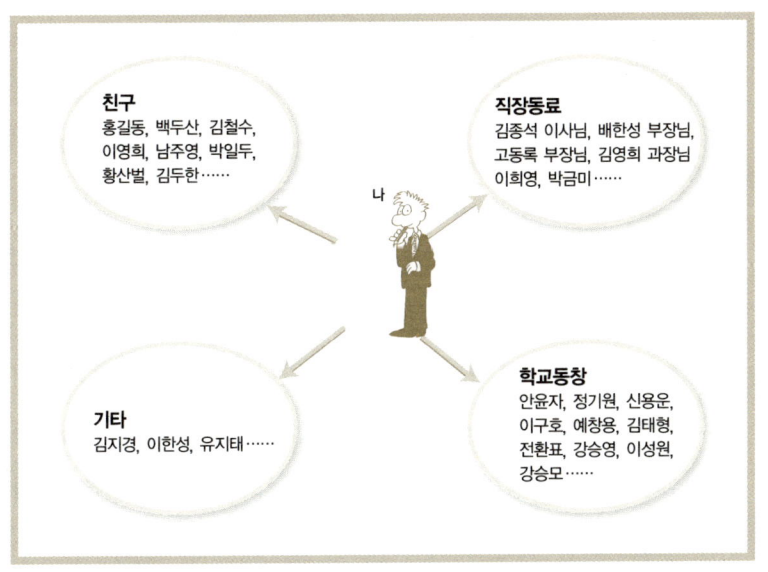

도에 따라서 나에게 충분한 도움을 주고 있는 커뮤니티와 그렇지 않은 커뮤니티로 표시를 해보도록 하자.

당장 연락해서 만나고, 고민 등을 나눌 수 있는 사람이 몇 명이나 될까? 과연 이들 중에 고민이 있다거나 도움이 필요할 때 나에게 연락을 해서 어려움을 나누고자 할 사람은 몇 명이나 될까? 냉정하게 자신만의 인맥지도를 그려보자. 누구에게 보여줄 필요도 없다. 인맥관리에 대한 자기 반성의 시간을 가지면서 그림을 그려보자.

현재 자신의 주위에 재테크나 부자되기에 도움이 되는 인맥이 없다 하더라도 목적의식을 가지고 인맥을 만들어보자. 최근에는 인터넷이 발달하면서 마음만 먹으면 얼마든지 비슷한 목적을 가진 사람들과 교류할 수 있다. 다양한 계층의 사람들과 친분을 유지하면서 같이 고민하고 공부하고 경험담을 나누는 기회가 무궁무진하다.

다음에 제시된 방법을 잘 활용하면 인맥쌓기가 훨씬 쉬워질 것이다.

주위를 둘러보라

너부 큰 욕심을 가지고 반드시 나보다 재력이나 능력 면에서 월등히 나은 사람만 찾겠다고 생각하면 인맥은 쉽게 쌓이지 않는다. 차근차근 단계적으로 주변에 있는 사람들부터 지금보다 더 나은 관계로 만드는 게 중요하다.

초등학교 때부터 중학교, 고등학교, 대학교 등을 거치면서 같은 반에서 공부한 동기동창들만 몇 명인가? 그 친구들 중에서 지금도 연락을 하고 가끔이라도 만나는 친구가 몇 명이나 되는가? 너무 멀리 보지말고 가까운 데부터 시작하자.

내가 무엇을 줄 수 있는지를 먼저 생각하라

누군가를 만나자마자 내가 이 사람에게서 얻을 게 무언지를 찾기보다는 내가 무엇을 나누어 줄 수 있는지를 먼저 생각하는 습관을 갖도록하자. 준 만큼 돌아오는 원리는 사람과 사람의 만남에서도 마찬가지이다. 이러한 점은 재테크나 투자에 있어서도 마찬가지다. 시간품, 다리품, 손품 등을 충분히 투자한 사람에게는 반드시 높은 수익률이라는 열매가 돌아온다. 먼저 주자. 그리고 상대방이 줄 수 있을 때까지기다리는 의연함을 갖자.

말을 많이 하기보다는 많이 들어주어라

사람의 입은 하나이고 귀는 두 개이다. 말한 것보다 두 배 더 들으라는 의미라고 보면 된다. 자기과시나 자랑을 늘어놓는 사람에게 누가 호감을 가지겠는가? 상대방이 말할 수 있는 시간을 주자. 그리고 질문이나 의견을 주고받는 분위기가 되었을 때 자신의 생각을 얘기하면 훨씬 효과적이고 바람직한 인맥관리가 될 것이다.

상대방의 실패담을 더 귀담아 들어라

주변에 성공한 사람이 있다면 성공하기까지의 실패담을 먼저 물어보자. 한 사람에게 한 가지씩만 들어도 이미 수십 가지의 해서는 안 되는 투자방법에 대해서 알 수 있다. 이러한 것들은 책이나 일반 정보로는 도저히 얻을 수 없는 살아 있는 정보들이다.

부자가 되는 길은 혼자 갈 수도 있지만 주변에 같은 목적을 가지고 있는 동반자가 있는 게 훨씬 덜 지루하고 손쉽다. 다른 사람의 경험담을 모아서 실패의 확률을 줄일 수 있기 때문이다. 내가 가고자 하는 길이 두렵다면 이미 그 길을 다녀온 사람의 경험담을 참고로 할 수 있다. 내가 성공했던 급물살의 계곡물 건너기를 다른 사람들은 감히 두려워서 못 건너고 있을지도 모른다. 당장 나의 성공기를 알려주어 건너오게 하자. 내가 남에게 나의 경험이나 정보를 베푼다는 생각으로 인맥을 쌓아보자. 그러다 보면 상대방도 자연스레 닫혔던 문을 열고 맞이할 것이다.

18 | 부자로의 지름길을 안내하는 멘토

멘토(mentor)라는 말의 기원은 그리스 신화에서 비롯된다. 고대 그리스의 이타이카 왕국의 왕인 오디세우스가 트로이 전쟁에 참가하러 떠나며, 자신의 아들인 텔레마코스를 한 친구에게 보살펴달라고 맡겼는데, 그 친구의 이름이 바로 멘토였다. 멘토는 오디세우스가 선생을 마치고 고향으로 돌아올 때까지 텔레마코스의 친구, 선생님, 상담자, 때로는 아버지가 되어 그를 잘 돌봐주었다. 그 후 멘토라는 그의 이름은 지혜와 신뢰로 한 사람의 인생을 이끌어주는 지도자라는 의미로 사용되고 있다.

한 사람의 인생을 이끌어주는 멘토도 중요하지만 재테크를 잘하기 위해서도 멘토가 필요하다. 멘토는 오랜 기간 배워야 하는 것들을 단

기간에 배울 수 있게 해준다. 게다가 앞서 살았던 사람의 실수를 미리 학습함으로써 실수를 되풀이하지 않도록 도와준다. 당신이 계획을 잘 실천하고 있는지 객관적으로 평가해주고 힘들 때 믿고 의지할 수 있는 상대가 되어준다.

자산이 50억 원 정도 되는 40대 중반 P씨. 부동산과 금융자산으로 남부럽지 않은 재산을 가지고 있지만 생활만큼은 검소하기 그지없다. 요즘 들어 기름값이 많이 올랐다고 자가용은 집에다 두고 버스를 타고 강의를 들으러 오고, 자녀들에게 준다며 강의 교재를 꼭 세 개씩 챙겨간다. 300원 하는 자판기 커피 값 아깝다고 커피와 조그만 머그 컵을 핸드백 속에 넣어다니기도 한다.

언젠가 개인면담을 하던 중 매우 흥미로운 사실을 알게 되었다. 오늘날 P씨를 있게 한 멘토에 대해서였다. P씨의 시어머니가 그녀의 인생 멘토였다. 시어머니는 1970년대부터 친히 P씨를 데리고 다니면서 금융기관과 거래를 하였고, 서울 인근의 땅이나 아파트를 보러다닐 때도 늘 같이 다녔다고 한다. 그러다 보니 자연스레 시어머니의 재테크 방법을 배우게 된 것이었다. 시어머니는 1980년대 초 부동산개발 붐을 적절히 활용하여 큰 부자가 되었고 며느리인 P씨 역시 지금의 부를 이룰 수 있었다.

그런데 지금은 P씨가 시어머니의 뒤를 이어 자녀들의 재테크 멘토 역할을 하고 있다. 고등학교와 대학교에 다니고 있는 자녀들을 데리고 일부러 은행에 방문하여 상담시 함께 듣게 하고, 객장에 비

치되어 있는 금융 관련 자료를 가져가서 보게 한다. 또한 대학생인 첫째 아이에게는 500만 원이 입금된 통장을 줘, 직접 증권에 투자하게 함으로써 증권투자 공부를 하게 만든다. 모두 잃어도 좋지만 다른 용도로 인출해서는 절대 안 된다는 전제 하에. 그리고 3개월마다 한 번씩 투자현황에 대한 보고서를 만들게 하여, 문제점을 파악하고 더 나은 방향을 찾기 위해 노력한다.

재테크 멘토는 부모가 가장 바람직하다. 늘 옆에서 과정을 지켜볼 수 있기 때문이다. 그럼 부모를 멘토로 삼을 수 없는 경우에는 어떻게 해야 할까? P씨뿐만 아니라 필자가 만나본 대부분의 부자들은 한두 명씩의 멘토가 있었다. 그 중에는 P씨처럼 부모가 멘토인 경우도 있었고, 고생할 때 함께했던 친구가 멘토인 경우도 있었다. 부자들은 자신들의 멘토에게 늘 배울 점을 찾고 이들처럼 되기 위해 노력하는 과정에서 부를 얻게 되었다고 말한다.

여러분에게 부자되기의 길을 안내해줄 멘토를 찾아보자. 선생님, 감명 깊게 읽은 책의 저자, 사회적으로 저명한 지도자, 대기업 총수 등 다양한 사람이 당신의 멘토가 될 수 있다. 큰 부지가 아니어도 상관없다. 단, 졸부가 아닌 자수성가형 부자이어야 한다. 부자되기의 길을 열심히 가고 있는 사람이라면 더욱 좋을 것이다. 또한 그 사람의 일상생활을 가까이 볼 수 있고 자주 대화를 나눌 수 있는 사람을 멘토로 삼는 게 좋다. 생활습관이나 재테크 방법 등을 벤치마킹하다 보면 과정 중에 일어나는 실패 확률을 줄일 수 있기 때문이다.

부자가 될 수밖에 없는 K차장의 하루

필자와 같은 사무실에서 근무하고 있는 K차장. 필자가 재테크와 투자에 대해 많은 도움을 얻는 몇 안 되는 동료라서 본인의 고사에도 불구하고 그에 대해 소개하고자 한다.

이렇게 귀한 지면을 빌어 소개하는 이유는, 우리 주변에는 부자의 길을 묵묵히 걸어가는 K차장 같은 사람들이 있으며 이들에게서 자수성가형 부자의 모습을 찾을 수 있기 때문이다. K차장의 생활을 보면 그가 왜 '부자가 될 수밖에 없는 사람'인지 알 수 있다. 몇 가지 사례를 들어 평범한 월급쟁이의 부자 기질을 훔쳐보도록 하자.

• K차장의 부자 기질 1 • 끊임없는 정보의 지배

K차장의 일과는 본인 메일로 날아오는 각종 금융, 재테크 정보 메일링 서비스 확인부터 시작한다. 메일을 확인하는 건 누구나 같은 일상생활이다. 하지만 그 내용이 은행, 증권회사, 부동산 전문 사이트 등에서 날아오는 재테크 관련 정보 소식 메일이라는 게 다른 점일 것이다.

약 30여 분간 날아온 메일들을 읽어보며 전날의 주식시장, 부동산 시장의 동향을 살펴 오늘 하루의 예상, 금주와 다음주의 예상을 한다.

그는 필자처럼 고정적으로 재테크 강의를 한다거나 칼럼을 쓰지는 않는다. 어디까지나 자발적인 본인의 관심과 실천에서 우러나오는 습관이다. 그리고 K차장은 날아온 메일 중에서 인상에 남거나 나중에 다시 읽어볼 만한 가치가 있는 정보는 본인의 PC에 별도로 만들어놓은 카테고리별 폴더(재테크, 주식, 경제, 부동산 등)에 텍스트와 이미지를 워드파일에 복사해서 저장한다.

일 주일에 3일 정도는 저녁시간에 별도로 시간을 내 즐겨찾기에 정리되어 있는 자기만의 재테크 활용 사이트를 둘러보며 다양하고 유익한 금융 상식, 최신 뉴스, 각종 통계 등을 자기만의 폴더에 저장한다.

부자되기의 첫걸음은 역시 인터넷 시대를 적절히 활용한 방대한 정보의 지배에서부터 시작된다. 당장 천만 원, 1억 원이 있다 하더라도 금융시장과 재테크시장 동향에 대해서 무지하다면 부자되기의 길은 점점 멀어질 뿐이다.

• K차장의 부자 기질 2 • 저지르기

약 3년 전 K차장은 부동산시장의 흐름을 늘 관심 있게 살펴보다가 서해안 시대의 도래를 예상하고 강서구를 주시하기 시작했다. 평소의 습관처럼 주말에 부인과 함께 다니기를 몇 번, 결국 그는 '사고'

를 치고 말았다.

강서구 화곡동의 L아파트 35평형을 분양가에 2000만 원이나 프리미엄을 얹어서 1억 8000여만 원에 구입한 것이다. 그런데 2004년 8월 그 아파트에 입주할 때 매매가는 무려 3억 8000만 원을 호가했다. 그때부터 우리 부서 직원들은 그가 지나다닐 때마다 '에구, 2억 원님 지나가십니다'라고 농담을 하였다.

물론 2003년부터 부동산시장의 급등으로 많은 아파트들의 가격이 상당폭 상승한 건 사실이다. 하지만 2004년 8월 이후 10·29 대책에도 전혀 흔들림 없이 꾸준히 가격이 상승해서 2005년 현재 4억 2000만~4억 4000만 원을 호가하니 그의 뛰어난 예지력과 더불어 실천력에 감탄하지 않을 수 없다.

여기에 만족하지 못한 K차장은 2004년 초에 강서구 등촌동의 H아파트를 얼마간의 대출을 받아서 전세를 끼고 또다시 구입했다. 물론 필자가 K차장의 사례를 들어 부동산 투기를 조성할 생각은 추호도 없다.

• K차장의 부자 기질 4 • 흐름을 읽는 혜안

얼마 전부터 K차장은 각 은행들의 펀드 상품에 대한 투자설명서와 함께 운용실적을 수시로 확인하고 비교해본다. 투자설명서란 금융기관에서 고객들에게 국내 및 해외 펀드를 판매하면서 고객에게 제시하는 하나의 설명서라고 보면 된다. 여기에는 최근의 국내외 금융시장의 동향이나 금리의 흐름, 국제유가의 흐름 등 다양한 재테크의 거시적인 주변 환경이 담겨 있다. 또한 운용회사별 운용 노하우를 알 수 있으며 다양한 판매기법까지 읽어볼 수 있는 소중한 자료이기도 하다. 하지만 일반 고객들 중에서 이러한 투자설명서를 찬찬히 시간을 내 처음부터 끝까지 읽어보는 사람이 몇 명이나 될까.

K차장은 새벽 한두 시까지 부동산 관련 사이트들을 돌아다니며 부동산 시장의 흐름과 함께 정부의 정책 해설, 투자 유망처 등에 대한 자료들을 읽어보고 실제 해당 지역에 거주하는 사람들이 올린 게시판의 글들을 보곤 했다. 그러던 K차장이 2005년부터 해외 펀드와 함께 적립식 투자신탁 상품 등의 주식형 간접상품에 대한 연구에 몰두해 있다. 정부의 부동산시장에 대한 가격 억제 정책이 워낙 강하고 투자자들의 심리 또한 얼어버렸다고 생각한 K차장은 현재 보유하고 있는 아파트를 당분간 유지할 계획이다.

그리고 그는 현새 3개월째 매월 같은 날 ETF(상장지수펀드)를 50만 원씩 매수하고 있다. 아무튼 그의 최근 행보를 보면 역시 흐름을 읽고 나름대로 투자방식이나 관심사에 대해서 일정한 원칙을 정해서 실천한다는 걸 알 수 있다.

K차장을 보면 행복한 예비부자들이 우리 주변에 많다는 걸 느끼게 된다. 내가 스승이 못 된다면 주변에 내 스승을 만드는 건 어렵

지 않다. 수십억 원의 큰 부자보다는 나름대로 노력하고 실천하는 작은 부자들을 주변에서 찾아서, 그들의 생활 습관과 관심사를 공유하고 배우는 그런 삶의 자세를 가져보자.

- 2004년 3월 '머니투데이' 기고 〈K차장의 하루〉에서 발췌

19 | 돌고 도는 돈을 관리하라

5년 전쯤 근무하던 증권회사를 그만두고 전업 주식투자자로 나선 N씨. 남다른 투자 분석기법과 자기만의 독특한 매수 · 매도 타이밍으로 돈을 불리기 시작하더니 어느새 100억 원대의 부자가 되었다.

요즘 돈 있는 사람들이 모여 산다는 강남구 도곡동의 한 주상복합 아파트에 살고 있지만, 항상 허름한 점퍼에 낡은 양복바지 차림이다. 돈이 많다는 걸 숨기려고 그렇게 입고 다니는 게 아니라 그런 차림이 편해서다. 그곳에 어울리지 않는 차림새 때문에 공사를 하러 온 인부라는 오해를 받은 적이 한두 번이 아니다.

하지만 그가 돈 다루는 법을 보면 역시 부자는 남다른 데가 있구나라는 걸 느낄 수 있다. 또한 왜 그에게 돈이 계속 붙어다니는지도 알 수 있다. 자기 자신에겐 그렇게 인색한 그가 어려운 이웃을 돕는 데는 전혀 망설임이 없다. 매달 두세 군데 고아원에 정기적으로 운영자금을 지원하고 있고, 장애인 학교에도 거금을 기부한다. 또한 가족이나 친지들에게도 남다른 애정을 보인다. 얼마 전 하나밖에 없는 조카딸이 결혼할 때 조그마한 아파트 한 채를 살 수 있는 돈을 선뜻 내놓았다. 또 미국에 들렀다 그곳에 사는 먼 친척이 궁핍하게 사는 모습을 본 후 귀국하자마자 미화 만 달러를 송금하기도 했다. 어차피 돈은 돌고 도는 것이고, 돈도 물처럼 고여 있으면 썩는다는 게 그의 지론이다. 적당히 아래쪽으로 흘려보내야 웅덩이에 새 물이 고인다는 것이다.

1~2억 원을 가지고 있는 사람보다, 99억 원을 가지고 있는 사람이 100억 원을 채우기 위해 부족한 1억 원을 더 아쉬워하는 법이다. 하지만 돈을 적절히 흘러가게 하면서 마음을 평온하게 하면 자연스레 돈이 따라오게 마련이다.

이는 주식투자, 부동산투자, 채권투자 등 거의 모든 재테크 수단에 해당되는 공통사항이다. 장기투자로 보유하면 손해 볼 것이 없는데 사고팔기를 거듭하다가 결국 본전도 못 건지는 경우도 허다하다.

내 손에 한번 들어오면 다시는 나가지 못하도록 붙들어놓는다고 돈이 안 나가는 게 아니다. 어딘가 돈 쓸 일이 생기고 쓸데없는 비용이 지출되게 마련이다. 혈액이 흘러야 사람이 살 수 있듯이 돈도 흘러야 더 큰 돈이 모이는 것이다.

세상의 모든 이치는 사이클 개념으로 모아진다. 굴곡의 차이는 있지만 모든 일들이 일정한 방향으로 일정한 틀 안에서 움직인다고 보는 것인데, 이러한 사이클의 이면에는 흐름이 있다.

시야를 좁혀서 수중에 들어오는 돈만 움켜쥐고 흐름을 역행하거나 막는다면 그 방둑이 터져서 오히려 큰 화를 당하기 십상이다. 돈에 대한 속성을 거슬러서는 부자가 되기 힘들다.

돈의 흐름을 관리하는 절차에는 세 가지가 있다.

첫 번째는 오는 돈, 즉 수입에 대한 관리이다. 내가 지키고 있는 길목에 들어오는 돈을 어떻게 놓치지 않고 잡을 것인지에 대한 것인데, 누구에게나 살면서 자신에게 찾아오는 기회가 있을 것이다. 돈이 들어올 기회를 소홀히 하지 않고 자신의 확실한 수입으로 만드느냐가 중요하다. 돈이 자꾸 방문하는데 준비가 안 되어서 옆집이나 다른 동네로 보내버린다면 결국에는 부자의 길에서 탈락하고 말 것이다.

두 번째는 방문한 돈에 대한 접대다. 즉 수중에 들어온 돈을 어떻게 관리하느냐인데, IMF 외환위기 이후에 개인자산에 대한 원금손실이 늘어나면서 재테크의 개념이 저축에서 관리라는 표현으로 바뀌고 있다. 그만큼 수중에 있는 돈의 관리가 얼마나 중요한지 알 수 있다.

세 번째는 적절한 지출 관리이다. 돈의 흐름을 관리하는 절차 중 가장 중요하다고도 볼 수 있다. 가야 하는 손님을 억지로 붙잡고 있는 것은 오히려 실례가 되듯이, 적당히 돈을 밖으로 흘려보내야만 새로운 손님이 들어오게 마련이다. 나는 돈이 잠시 정차하는 환승역이라는 생각을 갖고 편한 마음으로 돈을 대해야 한다. 내가 바로 종착역이라고 우겨봤자 다음 역으로 가는 철로와 열차시간표를 부정할 수는 없지 않은가?

사람의 재산을, 손으로 가운데를 잡고 있는 허리가 잘록한 고무풍선에 비유해보자. 고무풍선의 한쪽을 재산의 공간으로, 다른 한쪽을 욕망의 공간으로 생각한 다음, 잡고 있던 손으로 욕망의 공간을 줄여보자. 그러면 재산이나 돈의 공간이 늘어난다. 반대로 욕망의 공간을 늘리면 재산의 공간은 꼭 그만큼 줄어들게 되는 것이 바로 돈의 이치이자 순리이다.

20 | 소탐대실? 티끌 모아 태산!

전국시대 촉나라는 매우 부유한 나라였다. 촉나라와 국경을 접한 진나라 혜왕은 촉나라를 욕심내 호시탐탐 공격의 기회를 엿보고 있었다. 하지만 직접 전쟁을 일으키기에는 승산이 없을 것 같아 고심 끝에 한 가지 계략을 짜냈다. 탐욕이 강한 촉후의 성격을 이용하기로 한 깃이다. 진니리 혜왕은 소의 조각상을 만든 뒤 그 속에 황금과 비단을 채워넣고 촉후에 대한 우호의 예물을 보낸다는 소문을 퍼뜨렸다. 이 소문을 들은 촉후는 진나라 사신을 접견하고, 헌상품의 목록을 본 뒤 백성들을 징발하여 보물 소를 맞을 길을 만들었다. 진나라 혜왕은 소와 함께 수만 명의 장병을 촉나라로 보냈다. 촉후는 문무백관을 거느리고 도성 교외까지 몸소 나와서 보물 소를 맞이했다. 그러나 진나라 병사들의 갑작스런 공격으로 결국 촉나라는 망하게 되었고, 보물 소는 치욕의 상징으로 남았다. 촉후의 소탐대실이 나라를 잃게 만든 것이다.

이처럼 작은 이익에 눈이 어두워 큰 것을 잃는다는 뜻을 지닌 소탐대실(小貪大失)이라는 말은, 우리에게 귀중한 교훈을 주고 있다.

예를 들어 주식투자는 보통 투자금액의 10% 내외 수익률을 목표로 매도전략을 세워라고 전문가들은 말한다. 그래서 10% 내외의 수익률이 발생하면 바로 매도하는 손절매전략을 투자전략으로 삼고 주식투자를 하는 사람들이 많다.

하지만 상장회사의 내재가치보다 실제 시장에서 매매되고 있는 주가가 현저히 떨어질 경우에는, 10% 수익률을 얻은 뒤 매도하는 것보다는 장기 보유전략을 구사하는 '가치투자'가 훨씬 더 높은 수익률을 낼 수 있다. 가치투자를 언급할 때 늘 사례로 언급하는 종목이 바로 삼성전자, 농심, 롯데칠성, 태평양, 신세계 등의 주식들이다. 즉 가치투자에는 작은 이익을 앞세우다 나중에 더 큰 이익을 놓친다는 소탐대실의 경고가 담겨 있기도 하다.

하지만 티끌 모아 태산이라 하지 않았던가. 눈앞의 작은 이익도 차곡차곡 모으면 큰 열매가 되어서 돌아오기도 한다. 이는 수많은 부자들의 생활방식이나 투자방식에 깔려 있는 기본 마인드이다.

현재 30억 대의 자산을 소유한 Y씨는 소탐대실의 의미를 완전히 뒤엎는 전형적인 경우다. 그는 여지껏 주식투자 한 번 하지 않고 오직 공모주투자로만 증권회사와 거래를 해오고 있다. 그리고 예전에 은행들이 판매했던 비과세 가계저축이나 재형저축 등 고금리 절세상품들을 최대한 활용하였다. 그는 이렇게 꾸준히 돈을 모아 오늘날의 부를 이루었다.

큰 이익을 노리기보다는 작은 이익을 차곡차곡 모아, 큰 손실을 방지한다는 리스크 헤지 우선의 재테크 방식을 선택했던 것이 IMF 외환위기를 거치면서 빛을 발한 것이다. 대리석을 망치로 우악스럽게 내리치면 오히려 망치가 부러진다. 그러나 한방울 한방울씩 내리는 힘없는 빗방울이 대리석을 뚫기도 한다. 그때그때 최대한 안전하면서도 고수익을 올릴 수 있는 자산에 투자했던 것이 그의 주요한 투자전략이었다. 그러다 보니 주식투자로 몇 천만 원씩 날리는 뼈아픈 경험을 하지 않았고, 매년 꾸준히 확실한 수익을 거두면서 종자돈을 부풀릴 수 있었다고 그는 말한다.

큰 손해를 보느니 작지만 안전한 이익들을 주워 담아서 자기만의 재테크 전략 테두리 안에서 운용하는 게 부자들의 특징인 것이다. "돌다리도 두드리고 가라"기 그들의 투자지침이며 "아는 길도 물어서 가라"가 재테크 전략의 제1덕목이다. 아는 길이라도 성큼성큼 걸어가다가는 바뀌어버린 주위 환경과 갈래길로 길을 잃기 십상인 것이 재테크시장이다. 그러니 종자돈을 모을 때나, 투자 위험이 클 때에는 작은 이익을 소홀히 하지 말고 안전하게 주워담는 알뜰한 전략을 구사해보는 것도 좋겠다.

21 | 긍정적 사고의 힘

　　　　　　　매우 긍정적인 생활을 하는 K교수. 한번
은 그의 뜬금없는 질문에 당혹해 한 적이 있었다.

　"서 팀장님, 여기 양말이 한 짝 있는데 이걸 보면 어떤 생각이 드십
니까?"

　"'양말 한 짝이 모자라네' 라는 생각이 드는군요."

　"껄껄껄, 그러세요. 바닥에 떨어져 있는 양말을 보고 '양말이 한 짝
남았네?' 라고 생각해야 하지 않을까요. 그렇게 생각해야 인생을 좀더
편하고 쉽게 살아갈 수 있습니다. 양말이 한 짝 모자란다고 생각한다
면 나머지 한 짝을 찾기 위해서 안달을 하게 되고, 그러다가 할 일도
못한 채 시간낭비만 하다가 결국은 포기하게 되겠죠."

"아, 그렇군요. 대신 양말이 한 짝 남았다고 생각하면 찾으려고 애쓰지는 않겠군요. 그냥 잘 보관해뒀다가 나중에 필요할 때 쓰면 된다고 생각했겠군요."

옛날에 글재주가 뛰어난 두 친구가 있었다. 어느 봄날 꽃으로 붉게 물든 산을 보면서 한 친구가 "開花萬山紅"이라고 얘기했다. 꽃이 피니 온 산이 붉다는 의미다. 이 얘기에 다른 친구가 "落花萬山紅"라고 답했다. 꽃이 지니 온 산이 붉다는 의미다. 같은 사실을 보면서 긍정적으로 얘기했던 전자는 후일 정승이 되어 큰 부를 이루고 명예도 얻었지만, 부정적으로 얘기했던 후자는 지방의 초라한 서생으로 평생을 살았다고 한다.

이 이야기의 교훈은 바로 K교수의 긍정적인 사고방식과도 일맥상통한다. 이 점은 또한 부자가 되고자 하는 모든 예비부자들에게도 해당된다.

작가 버나드 쇼는 반 병의 값비싼 포도주를 앞에 둔 두 사람의 예를 들어 낙관론자와 비관론자를 설명하였다. 한 사람은 이 좋고 귀한 포도주가 반 병이나 남아 있는 게 얼마나 즐거운 일이냐고 기뻐했고, 다른 한 사람은 겨우 반 병밖에 남지 않아서 실망스럽다고 말했다. 전자는 낙관론자고 후자는 비관론자라는 얘기다.

지금 이 시각에도 수많은 사람들이 부자를 꿈꾸며 달려가고 있다. 부자가 되기 위해 늘 고민하고 많지 않은 수입을 쪼개서 저축도 하고,

여기저기 좋은 수익률을 낼 만한 투자처를 찾기 위해서 늘 두리번거린다. 하지만 왜 대부분의 사람들은 부자가 되지 못하는 걸까? 그 해답은 부자가 된 사람들과 그렇지 못한 사람들 사이에 존재하는, 긍정적 마인드와 부정적 마인드의 차이 또는 적극적 삶의 자세와 소극적 삶의 자세의 차이에 있다.

부동산에 투자하든 주식에 투자하든 모든 투자에는 끈기와 기다림이 필수다. 끈기와 기다림의 이면에는 자신의 투자에 대한 믿음이 있어야 하고, 믿음의 꼭대기에는 긍정적인 사고가 있어야 한다는 것이다.

재테크나 투자를 방해하는 치명적인 장애요인은 시장의 변화도 아니고 금리의 하락도 아니고 경제의 불안도 아닌, 바로 투자자 본인의 '조바심'이다. 조바심으로 '수익률'을 기다린다면 제대로 된 투자를 할 수 있는 판단력이 흐려질 수밖에 없고, 적당한 투자시기와 매도시기를 놓칠 수밖에 없는 것이다.

낙관적이고 긍정적으로 생각하려고 노력하자. '이건 해서는 안 된다', '해봤자 창피만 당하고 눈총만 받을 거야'라는 부정적이고 소극적인 사고방식은 '무슨 일이든지 할 수 있다'라는 적극적인 사고방식을 짓누른다.

가장 부서운 죄는 실패에 대한 두려움이고, 가장 무서운 사기꾼은 자신을 속이는 사람이고, 가장 큰 실수는 해보지도 않고 포기해버리는 것이다. 가장 심각한 파산은 의욕을 상실하여 텅 비어 있는 영혼이자 정신이다. 긍정적인 투자 마인드를 가지려면 일상생활에서도 항상 긍정적인 마인드의 소유자가 되어야 한다.

중학교 때 절친하게 지내던 한 친구가 있었다. 이 친구는 별명이 '스마일맨'이었을 정도로 잘 웃었다. 남들은 시험 기간이 다가오면 시험 걱정에 스트레스를 받아 안절부절못하고, 밤잠을 줄여가며 벼락치기 공부를 하느라 야단법석을 떨었다. 하지만 이 스마일맨은 그럴수록 평소처럼 생활해야 한다며, 잠도 똑같이 자고 평소 하던 대로 수업 후에 농구연습을 하는 느긋함을 보였다.

이 친구는 꾸준히 중상위권을 유지하면서 학창시절을 즐기듯이 지냈고, 그 동안 외국에서 공부를 하고 회사를 경영하다가 얼마 전 귀국해서 내실 있는 벤처기업을 경영하고 있다.

"시험에 대해서 걱정을 하면 할수록 암기도 안 되고 시간만 없는 듯하여 더 공부를 못하겠더라. 어차피 안 볼 수 없는 시험이잖아. 그러니 시험 기간이라고 따로 공부하는 것보다 평소에 조금씩 공부하면서 꾸준히 하면 잘되지 않을까?"

수십 년이 지난 지금도 가끔씩 당시 그가 했던 말이 기억난다. '긍정적인 마인드'를 평소 연습하고 실천하는 그의 생활태도를 잘 보여주는 말이다.

'낙관적'이라는 물을 자신의 머릿속에서 자라나는 '부자 마인드'에 열심히 뿌려주자. 그리고 '긍정적'이라는 햇살을 항상 쬐어주자. 그러면 자신도 모르는 사이에 '부자'라는 커다란 열매가 열릴 것이다.

22 | 부자는 실패를 살리는 사람

나도 실패를 많이 했지. 왼쪽 손목에 있는 길다란 흉터 보이나? 내가 얼마나 좌절했고 얼마나 극단적인 생각을 했는지 알겠지? 피를 흘리며 병원응급실에서 치료를 받고 누워 있는데, 사랑하는 가족들의 마음을 얼마나 더 아프게 해야 하나라는 자괴감이 들더군. 그래서 내가 실패한 원인을 분석한 뒤 철저하게 다시 시작했지. 그러한 과정이 있었기에 여기 이 자리에 있는 것 같구만. 허허허!

현재는 튼실한 사업체를 운영하면서 열심히 생활하고 있는 어느 부자의 얘기다. 이 부자는 서울 외곽에서 꽤 규모가 큰 자동차 정비업소를 운영하다가 주식으로 몇 억 원을 날린 뒤, 새로운 사업을 한다고 자금을 끌어모아 투자를 했다가 다시 큰 실패를 했다고 한다.

부자들치고 실패를 경험해보지 않은 사람은 거의 없다. 아무런 어려움 없이 순탄하게 현재의 지위나 부를 쌓은 게 아니라, 크고 작은 몇 번의 실패를 겪은 후 다시 재기한 경우가 상당하다. 이들의 공통된 특징은 실패를 다시 성공으로 바꾸기 위해 최선을 다한다는 점이다. 실패를 단순히 실패로만 보지 않고 이를 성공의 밑거름으로 이용하는 것이다. 그들은 실패를 두려워하지 않는다. 다만 자신들이 목표로 한 일의 달성 시간이 늦추어진다든지 계획이 조금 달라지는 정도로 생각할 뿐, 결코 좌절하거나 목표를 포기하지는 않는다.

성공하는 사람들과 마찬가지로, 실패하는 사람들에게도 공통된 특징이 있다. 가장 큰 특징은 미래를 지나치게 긍정적으로 본다는 점이다. 이런 성향 때문에 오늘 안으로 해야 할 일을 내일로 미룬다. 한국은행에서 콜금리를 인하한다는 예상 기사가 나면, 대다수의 부자들은 금리인하를 예측하고 미리 거래은행을 방문하여 장기 확정금리 상품에 가입한다. 하지만 부자가 아닌 사람들은 "당장 인하가 되겠어? 신문에 예상 기사가 난다고 다 그렇게 되는 건 아니지" 하면서 좀더 시장의 상황을 관망해야 한다는 태도를 보인다.

이들의 또 다른 특징은 남을 비난하거나 질책할 줄만 알지, 자기 자신의 잘못을 인정하고 반성하는 데에는 인색하기 그지없다는 점이다. 이들은 아예 자기 자신의 합리화를 위해서 애써 실패경험을 감추려고 한다. 그러면서 이들은 매일 허황된 꿈을 꾼다. 실현가능한 수익률이나 꿈을 향해 한걸음 한걸음 나아가는 게 아니라 "언젠가는 크게 한 건 할 날이 올 거야"라고 얘기한다.

그러기에 이들은 부자 문턱에도 못 가보거나 간다 하더라도 문턱에서 좌절하거나 실패하고 만다. 실패는 시간이 갈수록 썩고 냄새가 나지만, 양지로 끌어내어 밝은 빛을 쬐어주고 재기라는 물을 주면 활짝 꽃을 피운다.

에디슨은 실패에 대해서 다음과 같이 말했다.

물론 나는 100번 이상의 실패를 거듭했다. 하지만 나는 100번의 방법이 틀리다는 걸 남들보다 먼저 알았고 틀린 이유를 알고 있다.

동경대학 하타무라 요타로 교수의 『실패를 감추는 사람, 실패를 살리는 사람』이라는 책에서 저자는 우리의 인생은 80%의 실패와 20%의 성공으로 이루어지는데, 대부분의 사람들이 80%의 실패를 사장시키는 것이 가장 안타까운 현실이라고 말한다. 즉 80%나 차지하고 있는 실패를 어떻게 성공으로 승화시키느냐가 인생을 좌우한다는 것이다.

실패가 두렵다면 그저 현실에 안주하면 된다. 부자가 되고 싶은 마음이 없다면 그렇게 해도 좋다. 하지만 적어도 돈 때문에 남들에게 아쉬운 소리 하기 싫고, 안정적인 노후를 원한다면 실패를 두려워하면 안 된다. 실패를 있는 그대로 받아들이고, 실패의 원인을 분석해 성공으로 전환시킬 수 있는 긍정적이고 적극적인 자세를 갖춰야 한다.

23 | 하루아침에 이루어지는 일은 없다

어느 산이건 좋다. 높은 산이건 좀 낮은 산이건 정상까지 올라간 산이 과연 몇 개나 되는지 생각해보자.

고개를 들어 책꽂이에 있는 책들을 보자. 영어공부에 관한 책이나 각종 수험서를 제외한 책 중에서 과연 제일 첫 장부터 맨 마지막 장까지 다 읽은 책이 몇 권이나 되는가?

지금까지 살아오면서 영어학원이나 각종 자격증 취득 관련 학원, 헬스클럽이나 수영장 등을 누구나 한 번 이상은 다녀보았을 것이다. 과연 한 달, 두 달, 그 이상의 기간을 꾸준히 다녀보았는가? 한 달에 한두 번 이상 결석하지 않고 종강일까지 성실히 다녀본 경험이 몇 번이나 되는가?

등산을 하면 으레 중간까지만 올라갔다가 내려와야지라는 마음으로 산행을 시작하고, 수험서를 사면서도 요약집이나 기출문제집을 먼저 찾고, 학원 등록을 할 때도 '과연 며칠이나 다닐까?' 라고 의구심을 먼저 갖는다면 성공하는 게 오히려 이상한 일이다.

재테크를 실천할 때에도 차분하고 여유를 가지고 계획성 있게 투자하는 게 조바심이 가득한 마음으로 서둘러 투자하는 것보다 훨씬 나은 수익률을 달성할 수 있다. 여기저기 옮겨다니다가 각종 거래수수료나 부가비용으로 배보다 배꼽이 더 큰 경우가 허다하다.

금융상품에 있어 단기는 통상 6개월짜리이다. 중기라 함은 1~3년을 의미하며 장기의 경우에는 보통 7년 이상의 상품을 의미한다. 부동산은 좀더 기간이 길어서 단기라 함은 보통 5년, 중기는 5~15년, 장기는 15년 이상을 의미한다. 적금상품에 가입해서 3년 만기를 채우고 만기해지를 하는 사람들은 부자가 되기 위한 자질이 충분하다. 부동산을 구입해서 10년 이상 보유하고 있다면 이런 사람 역시 부자가 되기 위한 자질이 충분하다고 하겠다. 물론 미련하게 가격 상승에 대한 기대를 할 수 없는 지역에 뼈를 묻겠다는 식으로 하는 고지식한 투자는 제외하겠다. 과거부터 현재까지 부동산으로 부를 쌓은 부자들을 살펴보면, 진득하게 한 곳에 자리 잡고 버틴 사람들이 대부분이다.

갑자기 달아오르는 불은 쉽게 꺼지는 법이다. 무슨 일이든지 꾸준히 은은하게 진행되어야 한다. 오지랖 넓다는 걸 자랑이라도 하듯

2~3년도 못 채우고 여기저기 옮겨다닌 사람치고 제대로 성공한 사람을 못 봤다.

어디 가서 "나는 인내심이 강하고 끈기가 있다"라고 얘기하지 마라. "왜 부자가 못 되고 현실에 치이면서 아등바등 살아야 하는가?"라고 의심도 하지 마라. "어휴, 이게 팔자려니"라고 자기합리화도 하지 마라. 여름의 뜨거운 햇살과 가을의 비바람, 겨울의 눈보라를 견딜 수 있는 잡초 같은 끈기와 인내심이 없어서다. 온실 속의 화초를 귀하게 여기던 시대는 지났다. 오히려 사계절을 꿋꿋하게 버티면서 꽃을 피우는 야생화를 더 가치 있게 여기는 시대가 오고 있다. 몇십 년을 한결같이 노력한 자수성가형 부자들이 존경받는 시대가 오고 있는 것이다.

> 어떠한 일도 갑자기 이루어지지 않는다. 한 알의 과일, 한 송이의 꽃도 그렇게 되지 않는다. 나무의 열매조차 금방 맺히지 않는데, 하물며 인생의 열매를 노력도 하지 않고 조급하게 기다리는 것은 잘못이다.
> — 에픽테토스

큰 부자는 하늘이 만들고 작은 부자는 노력이 만든다는 말이 있다. 부자는 하루아침에 이루어지지 않는다. 여러분은 끈질긴 노력으로 부자가 될 준비가 되어 있는가?

5장

부자, 어떻게 될 것인가

富

24 | 동물적 감각으로 기회를 포착하라

부자들의 동물적 재테크 감각

증시에서 3개월 만에 100% 수익률을 내려면?

첫째, 환율, 금리, 유가, 등 경제를 알아야 합니다.

둘째, 누가 매수하는지 수급을 파악해야 합니다. 예) 외국인, 기관투자자

셋째, 거래량이 수반되어야 종목이 상승합니다.

넷째, 무공을 배워야 합니다. 내공이 없으면 수익이 없습니다.

예) 경험, 동물적 감각, 차트

다섯째, 증시가 약세장일 때 현금 100% 유지하면서 쉬는 것도 투자

입니다.

여섯째, 강세장에는 주도주, 세력주 매매를 합니다. 이렇게 하면 1 개월에 30% 이상, 3개월에 100% 수익을 낼 수 있습니다.

모 주식투자 정보 전문 사이트의 게시판에 올라온 한 재야 주식전 문가의 글이다. 위에서 언급한 3개월 만에 100%의 놀라운 수익률(믿 기지 않지만 연평균수익률 100%를 넘겼던 해외 펀드가 실제로 있었다)을 얻는 방법 중 첫 번째와 네 번째의 제안에 대해서는 적극 동의한다.

재테크를 하기 위해서는 경제를 제대로 알아야 한다. 남들보다 빠른 정보 습득도 중요하지만, 주어진 정보를 내 것으로 만들어서 향후 전망에 대한 예측까지 할 수 있는 능력이 평소에 쌓여 있어야 한다는 얘기다. 특히 환율, 금리, 유가나 금값 등의 국제 금융시장의 흐름과 특정 지역에서의 전쟁이나 경제, 정치 불안 요소 등은 재테크 수익률 과 밀접한 관계가 있다.

따라서 늘 국내외 뉴스에 귀를 기울이고 필요한 기사를 스크랩하면서 경제 공부를 해야 한다. 경제 공부라는 게 따로 교과서가 있는게 아니다. 경제 기사나 뉴스가 좋은 공부거리가 된다. 여기에 평소 자신의 관심이 보태어져 조금씩 신도가 나가는 것이다.

여기에 추가되는 게 '동물적 감각'이다. 9 · 11테러 다음날인 2001 년 9월 12일 우리 나라 종합주가지수는 전일 대비 64.97포인트나 빠진 475.60포인트를 기록했다. 하루 만에 12.02%나 빠진 종합주가지

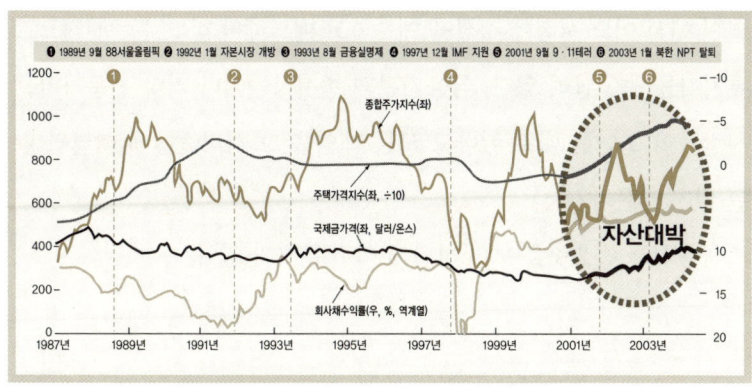

1987년 이후 주가·부동산·채권·금 가치의 변화. 어떤 재테크 수단에 투자해도 수익을 올릴 수 있었던 2002년부터 2003년 말을 자산대박의 시기라고 한다.

수를 보면서 사람들은 과연 어떤 생각을 했을까? 주식을 가지고 있던 사람이라면 남들보다 먼저 팔지 못해서 안달을 했을 것이다. 실제로 많은 투자자들이 경쟁이라도 하듯 매도주문을 냈고 국내 주식시장은 일대 혼란이 있었다.

그 이후 야금야금 상승하기 시작하던 주식시장은 2003년 1월 북한의 NPT 탈퇴와 3월 미국의 대 이라크 전쟁 개시로 주춤하더니, 다시 계속적으로 소폭 상승세를 유지하고 있다. 부동산도 마찬가지로 1987년 이후 정부 정책이나 수요와 공급의 불균형 등으로 소폭 하락은 있었지만 꾸준한 상승세를 보이다가 2003년 이후 정부의 고강도 부동산 가격 억제 정책으로 다시 약보합세를 보이고 있다.

이처럼 재테크시장에는 하나의 사이클이 있다. 재테크시장의 사이클 속에서 어느 시점에 자산을 매수하고 매도해야 하느냐는 전적으로 투자자들에게 달려 있다. 금융기관의 종사자들이나 기타 전문가라는 사람들이 조언한 대로 했다고 모든 책임을 그 사람들에게 떠넘길 수는 없지 않은가?

금융상품 팸플릿을 보면 하단에 이런 문구가 있다.

본 상품은 예금자보호제도의 보호대상 상품이 아니므로 원금 손실 시 모든 책임은 투자자 본인에게 있습니다.

이 얼마나 무시무시한 얘기인가? 하지만 할 수 없다. 재테크시장을 꿰뚫는 혜안과 함께 기회를 잘 포착하는 동물적 재테크 감각을 키워 본인의 선택에 책임을 지는 수밖에.

지금부터라도 자신만의 동물적 감각을 익히자. 일반적으로 '동물적 감각' 하면, 민첩하게 행동하여 목표물을 낚아채는 행동을 의미한다. 축구경기에서 최전방 공격수인 스트라이커가 상대 문전 앞에서 잽싸게 골을 넣듯이, 부자들은 자신만의 감각으로 수익을 낚아챈다.

예를 들어 정부의 부동산 억제 정책이 발표되면서 오히려 부자들은 타고난 감각으로 자산의 재정리와 함께 절세방안을 모색하고 있다. 행정수도 위헌결정 후 오히려 꽤 많은 투자자들이, 심리적 영향으로 일시적인 가격 하락이 있을 것을 예상하여 대거 충청도 지역으로 내려갔다는 후문이 있다. 실제로 위헌결정 후 '행정도시'는 '행정중심

복합도시'로 이름만 바뀌어서 다시 충청권 지역 개발에 대해 핑크빛 전망을 하게 하고 있다. 가격이 상승세에 있는 걸 보면 부자들의 동물적 감각을 느낄 수 있다.

또 고유가와 달러화 약세와 함께 국제적인 정치, 경제에 대한 불안감이 고조되면서 많은 부자들이 실물자산인 '금'에 대한 투자가 많이 늘어난 걸 보면 부자들의 동물적 감각을 만만히 볼 수 없을 듯싶다.

재테크 감각, 어떻게 키울 것인가

선천적인 감각도 물론 있겠지만, 부자들의 재테크 감각은 후천적으로 단련된 경우가 더 많다. 거기에 '경험'이라는 요소가 복합적으로 작용해서 그들만의 투자 시기가 결정되는 것이다. 남들보다 잽싸게 기회를 낚아채는 동물적 감각을 하루빨리 갖는 게 부자가 되기 위한 첫 번째 준비사항이다.

그럼 동물적인 재테크 감각을 키우려면 어떻게 해야 할까?

닥치는 대로 재테크 정보와 투자 정보를 접해야 한다

최근 재테크, 투자에 대한 트렌드는 특정종목만 붙잡고 그것만 열심히 한다고 되는 게 아니다. 펀드에 가입하더라도 국내 주식시장의 흐름은 물론 세계경제 사정까지 알고 있어야 하며, 다양한 통계나 전망에 대해서 어느 정도 판단이 있어야 한다. 그러기 위해서는 관련 정보를 충분히 얻어야 한다. 먼저 신문기사를 스크랩한다든지 인터넷에서 다양한 정보를 얻는 등 꾸준히 재테크 정보를 접하라.

다양한 투자성공담과 실패담을 접목시켜라

성공담보다는 실패담을 좀더 관심 있게 들어라. 성공은 상황이 좋아서, 혹은 운이 좋아서 가능할 수도 있겠지만, 실패담은 100% 자신의 투자 지침으로 삼아야 할 시행착오나 판단오류이기 때문이다.

모의투자를 많이 하라

주식이든 부동산이든 일정 금액 이상이 있어야 투자가 가능한 종목들이다. 일난 사회초년생 때부터 종지돈을 마련해야 하고, 이와 별도로 몇 가지 가상종목을 선정하여 모의투자를 해보는 게 중요하다. 어느 시점에 어떤 종목을 얼마에 샀다라고 기록하고, 향후 한두 달간이나 길게는 1년 정도의 가격변화를 지켜본다. 그러면서 금융환경이나 경제환경의 변화에 따라서 어떻게 변하는지 수익률 그래프를 만들어보는 것이다. 그러다 보면 일정한 패턴을 알 수 있고 실전투자에도 도움이 되는 간접경험을 쌓을 수 있다.

운동선수들의 경우에도 하루에 수백 번씩 같은 동작을 되풀이해야 돌발상황에서의 본능적인 동물적 감각을 얻을 수 있다고 한다. 어떻게 하다 보면 잘되겠지라는 식의 생각은 애당초 버리는 게 좋겠다. 골키퍼가 수백, 수천만 번씩 공을 잡는 연습을 하는 것처럼 지금부터 꾸준히 감각적으로 기회를 잡는 동물적 감각을 연습하여야 한다.

25 | 확인하지 않고 투자하지 말라

아파트 몇 채를 보유하고 있고 지방 여러 곳에 부동산투자도 많이 하는 P사장.

언젠가 초대받아 P사장 집을 방문한 적이 있다. 무심코 안방의 전경을 보던 필자는 눈이 휘둥그레질 수밖에 없었다. 안방의 한쪽 벽면에 공인중개사 사무소에서나 볼 수 있을 법한 대형 전국지도가 붙어 있었다. 그 위에 얇은 비닐 커버가 씌여 있고 빨간 매직펜에 고무줄을 매달아 붙여놓았다.

지도에는 P사장이 다녀온 지역에 대해서 ⊙, ●, × 이렇게 세 가지 표시와 함께 날짜까지 상세히 기록되어 있었다.

그 의미를 물어보니 다음과 같이 정리해주었다.

◉ : 그린벨트가 해제되거나 군사시설 보호구역 해제 예정, 지하철 연장선 개통 예정, 인근에 광역도로망 개통 예정, 신도시·뉴타운·재개발 등의 건설 예정 등으로 인하여 향후 3년 이내 투자 유망지역

● : 상기 지역과 사유는 비슷하지만 완공예정일이 훨씬 뒤인 지역. 당분간은 아니라고 해도 향후 5년 이내 투자해볼 만한 지역

X : 적어도 본인 세대에서는 투자가치가 없다고 판단되는 지역

P사장은 평소 신문기사나 뉴스를 활용하여 부동산 투자정보를 얻고, 주말을 이용해서 거의 대부분의 지역을 실제로 답사하고 있다. 그래서 P사장은 1년에 자동차 주행거리가 수만 킬로미터 이상이라고 한다.

부자들은 직접 본인의 눈으로 확인하기를 좋아하고, 다른 사람의 얘기를 거의 믿지 않는다. 본인이 직접 확인한 후에야 비로소 투자결정을 하고, 투자결정을 했으면 지체 없이 행동에 옮긴다. 부자들이라고 시간이 많겠는가? 그만큼 관심을 갖고 노력을 하는 것이다.

백 번 듣는 것이 한 번 눈으로 보는 것만 못하다고 했다. 부자들은 부동산이든 금융상품이든 직접 알아보고 확인하는 습관이 몸에 자연스럽게 배어 있다. 그들은 남들보다 먼저 가서 현재의 상황을 살피고, 해당 지역의 발전 후 미래 모습을 상상한 뒤 투자를 할 것인지 결정한다. 그러다 보니 남 얘기만 듣고 어설프게 투자를 하는 일반인들보다

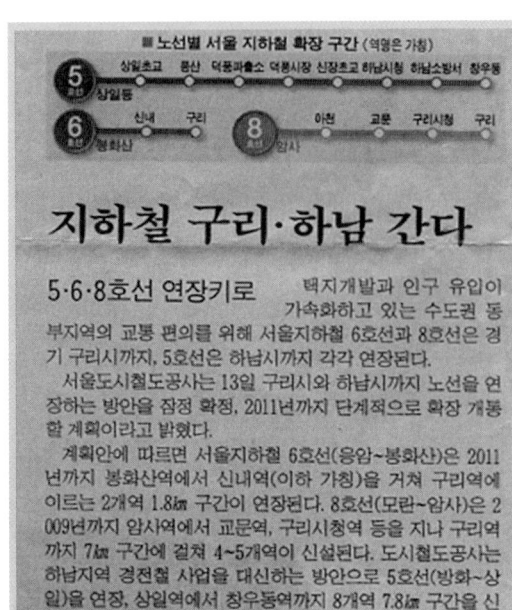

2004년 10월의 지하철
연장선
관련 신문기사

는 사기를 당하거나 실패할 확률이 줄어든다. 남들은 두세 번의 간접 경험으로 투자를 망설일 때 그들은 직접 확인하여 망설임 없이 투자를 실천에 옮기는 것이다.

본인의 눈으로 확인하는 습관을 기르자. 실패할 확률이 줄어드는 만큼 부자가 되는 길은 가까워질 것이다.

26 | 당신의 코치는 바로 당신

모든 스포츠에서 코치는 전체적인 팀워크를 조율하면서 선수들의 경기력을 극대화하는 임무를 맡고 있다. 선수 겸 코치라면 더욱더 많은 책임과 역할이 있다고 할 수 있다.

재테크를 하는 사람들의 코치는 아마도 금융기관 PB나 세무사, 부동산전문가 등 재테크 수단별 전문가나 종사자일 것이다. 하지만 최근 금융시장이 하루가 다르게 변하고 각종 정책이 수시로 바뀌면서 재테크 방법 역시 다양해지고 있다. 이로 인해 코치들에게 일일이 자문을 구하거나 훈련을 받기보다는, 본인이 직접 훈련 스케줄을 짜고 실전경기에 임하는 일반인 전문가들이 점차 늘어나고 있다.

필자의 수강생 중에도 선수 겸 코치가 몇 명 있다. 언젠가 강의 중에 과제를 내준 적이 있었다. 1억 원이 있다고 가정하고, 금융상품으로만 5년 안에 30%의 수익률, 50%의 수익률, 70%의 수익률을 낼 수 있는 포트폴리오를 만들어서 가져오라는 과제였다.

물론 1억 원을 몽땅 주식시장에 투자한다든지, 시기별로 수익률이 월등한 주식형 펀드나 해외 펀드 등에 전액을 넣을 수도 있겠지만, 재테크를 실천할 때 가장 기본 마인드로 삼아야 할, 계란을 한 바구니에 담지 않는 분산투자가 전제조건이었다. 적어도 세 가지 이상에서 다섯 가지 정도의 상품으로 분산해서 예치하되 재테크의 세 가지 원칙인 유동성(환금성), 수익성, 안전성을 최대한 겸비해서 포트폴리오를 구성하라고 하였다.

일 주일 후 과제물을 살펴보던 필자는 놀라지 않을 수가 없었다. 유동성, 수익성, 안전성을 모두 감안하면서 나름대로 5년간 30%, 50%, 70%의 수익률을 달성하기 위한 포트폴리오를 훌륭하게 작성해온 수강생들이 상당수 있었던 것이다. 그들은 재테크 종목의 선수 겸 코치였다.

다음은 수강생들의 과제물 중 매우 모범적인 포트폴리오들이다. 물론 이 포트폴리오들이 향후에도 이 정도의 수익률을 얻으리라는 보장은 없다. 하지만 이 정도의 포트폴리오를 짤 수 있다는 것은 최근 몇 년간의 각 상품별 수익률과 특징(예를 들어 후순위채권은 5년제 이상이 대부분이다), 향후 국내외 금융시장의 동향까지 파악하고 있다는 애기다.

5년간 수익률 30% 도전 포트폴리오

가입 상품	금액	5년 기대수익률(%)	상품 특징
특판형 정기예금	2,000만 원	21.5%	안전성 자산
은행 후순위채권	5,000만 원	28.5%	연수익률 5.7% 고정
국내 중장기 채권형 펀드	1,000만 원	25%	포트폴리오 변동성 축소
해외 주식형 펀드	1,000만 원	75%	해외 주식시장 선별 투자
국공채 MMF	1,000만 원	17.5%	비상자금용
계	1억 원	30.3%	

5년간 수익률 50% 도전 포트폴리오

가입 상품	금액	5년 기대수익률(%)	상품 특징
은행 후순위채권	2,000만 원	28.5%	연수익률 5.7% 고정
아시아 채권형 펀드	1,000만 원	60%	지난 5년간 연수익률 9~18.6%
국내 주식형 펀드	2,000만 원	100%	장기투자 성과 우수
해외 주식형 펀드	2,000만 원	75%	해외 주식시장 선별투자
국내 중장기 채권형 펀드	3,000만 원	25%	포트폴리오 변동성 축소
계	1억 원	54.2%	

5년간 수익률 70% 도전 포트폴리오

가입 상품	금액	5년 기대수익률(%)	상품 특징
은행 후순위채권	2,000만 원	28.5%	연수익률 5.7% 고정
아시아 채권형 펀드	2,000만 원	60%	지난 5년간 연수익률 9~18.6%
국내 주식형 펀드	3,000만 원	100%	장기투자 성과 우수
차이나 펀드	1,000만 원	100%	중국 성장 성과 올림픽 개최 기대
일본 주식형 펀드	1,000만 원	100%	일본 경기 회복 기대
계	1억 원	75.2%	

일반인들이 남의 힘을 빌어서 재테크 종목을 연습하고 몸만들기를 소홀히 해서 실패의 쓴잔을 마시고 있을 때, 몇몇 선수 겸 코치들은 지금 이 시간에도 꾸준히 재테크 경기에 임할 준비운동을 하고 있는 것이다.

재테크란 종목은 반드시 종자돈이란 좋은 운동복이나 운동기구가 있어야 승리하는 운동경기가 아니다. 물론 다른 사람들보다 조금 유리한 조건에서 경기에 임할 수는 있겠지만, 반드시 승패를 좌우하는 요인은 아니라는 얘기다. 오히려 평소에 얼마나 경기에 임할 준비를 했으며, 경기에서 이길 만한 정신무장을 얼마나 했느냐가 경기의 승패를 좌우한다.

운동선수는 어느 정도 나이를 먹으면 선수생활을 그만두어야 하는데, 훌륭한 선수생활을 마친 뒤에도 몇 년간 선수 겸 코치로 운동을 하는 경우가 있다. 선수로 뛸 수 있는 체력과 함께 그간의 경험과 노하우를 선수들에게 코치할 능력이 있는 선수가 몇 명이나 될까? 아마도 많지는 않을 것이다. 이론, 지도자의 자질을 동시에 갖추는 게 쉽지 않기 때문이다.

재테크에 있어서도 실전투자와 함께 체계적인 이론을 겸비하는 게 무척이나 어려운 일이다. 하지만 이러한 어려움도 마다않고 직접 투자를 하면서 이론적인 부분을 메우는 투자자가 무척이나 많다.

재테크에서 당신의 코치는 바로 당신이다. 스스로를 코치하는 전문가가 되려면 먼저 평소 투자 사례를 하나하나 기록하고 나중에 같은 시행착오를 두 번 이상 겪지 않겠다는 마음가짐이 필요하다. 또 운이나 감으로 하는 투자가 아니라 남들보다 체계적이고 이론적인 지식을 바탕으로 적기에 투자하겠다는 자세가 필요하다.

준비운동을 충분히 하고 전략을 다양하게 준비해놓은 뒤 경기에 임하고 있는지 자기 자신을 다시 한 번 되돌아보자.

27 | 구체적인 목표를 세워라

수십억대의 재산가인 자영업자 A씨의 사무실을 방문한 적이 있었다. 그곳에서 다이어리가 꽂힌 작은 2단짜리 책꽂이를 보았다. 책꽂이에는 1987년부터 2003년까지의 다이어리가 빽빽하게 꽂혀 있었다.

"사장님, 날짜가 지난 다이어리를 왜 저렇게 신주단지 모시듯 보관하세요?"

"응, 저거? 내 자서전이지. 한번 보겠나?"

A씨의 다이어리에는 지난 16년간의 재테크 계획이 일목요연하게 정리되어 있었다. 그는 1987년에 이미 향후 10년간의 사업계획과 본인의 자산관리, 재산증식에 대한 계획을 세워서 실천하고 있었다.

게다가 매년 전년도에 세웠던 계획을 복사해서 금년도 다이어리의 맨 앞장에 붙여놓고 리뷰를 하게끔 정리되어 있었다. 그리고 월별 계획이 빼곡히 적혀 있었다.

1987년도에 세웠던 사업확장계획이, 1997년도의 다이어리를 보니 어느 정도 달성되었다. 그리고 현재에도 이런 방식으로 계획들이 진행과정에 있는 걸 보면서 놀라지 않을 수 없었다.

필자는 강의 첫날 항상 수강생들에게 개인 재무상황 점검표를 작성하게 해서 걷는다. 수강생들의 관심사를 알아보고 개인별 재무상황을 점검해보기 위해서다. 개인 재무상황 점검표에는 향후 1년, 3년, 5년, 10년 후의 계획이라는 항목이 있다. 이에 대한 내용을 반드시 구체적으로 적어내라고 강조를 하지만, 항상 수강생들의 답변은 다음 수준에 그치고 만다.

20대 신혼주부 K씨
1년 후의 계획 : 종자돈 마련
3년 후의 계획 : 전세 평형 넓히기
5년 후의 계획 : 봐서 내 집 마련
10년 후의 계획 : 서울 강남 입성

30대 주부 O씨
1년 후의 계획 : 작년에 아파트 사면서 받은 대출금 상환

3년 후의 계획 : 상동(1년으로 힘들 듯)

5년 후의 계획 : 넓은 평수 아파트로 옮기기

10년 후의 계획 : 넓은 평수 아파트로 옮길 때 받을 대출금 상환 완료(아마도)

40대 주부 P씨

1년 후의 계획 : 대전에 사놓은 아파트 매각

3년 후의 계획 : 넓은 평수 아파트로 옮기기

5년 후의 계획 : 노후 준비자금 마련

10년 후의 계획 : 멋진 전원주택 구입

우리 속담 중에 "천릿길도 한 걸음부터"라는 말이 있다. 그만큼 시작이 중요하다는 뜻이다. 무슨 일이든지 첫 단추를 잘 끼우고 차근차근 나아가다 보면 목표를 달성할 수 있다. 이때 첫 단추의 시작은 바로 구체적인 목표의 설정이다. 대략적으로 세워놓고 일단 실천하면 되지 않느냐고 반문하는 이들도 있을 것이다.

하지만 막연하게 '2년 안에 공인중개사 합격하기'나 '5년 안에 사법시험 합격하기' 식의 목표 설정과 재테크 목표 설정은 확연하게 다르다. 공인중개사 합격하기나 사법시험 합격하기는 괜찮은데, 왜 재테크 목표는 위에서 언급한 사례처럼 세우면 안 되는 걸까? 시험 합격을 목표로 계획을 세울 때 '공인중개사 시험 90점 이상 받아서 합격하기' 식으로 계획을 세우지는 않는다. 어떤 점수를 받든 중요한 것은 합격이냐 불합격이냐 하는 결과이기 때문이다.

그러나 재테크 목표는 막연하게 합격과 불합격의 결과론이 가능한 일반적인 목표 설정과는 다르다. 재테크 목표를 세울 때는 구체적인 금액과 항목이 있어야 한다. 2년차에는 얼마까지 모을 것이며, 4년째 되는 해에는 어느 정도까지 종자돈이 마련되어야 하는지 등등 구체적인 계획이 설정되어야 한다. 내 집 마련이나 넓은 평수 아파트 이전 등은 너무나 무책임하고 안일한 재테크 계획이다.

신입사원이나 신혼부부들에게 꼭 강조하고 싶은 것이 있다. 향후 1년, 3년, 5년, 10년 정도의 재테크 플랜을 짜라는 것이다.

"요즘같이 급변하는 경제, 금융시장의 환경에서 어떻게 5년이나 10년 이후의 계획을 세우라는 거예요? 중간에 무슨 일이 일어날지도 모르는데"라고 반문하는 사람들이 많을 것이다. 100% 지키기는 어렵겠지만 일단 계획을 짜고, 중간에 상황이 변하거나 목표치에 미달하면 그때 다시 계획을 수정하는 것이 옳을 것이다.

각자 자기 자신의 미래를 그려보자. 그리고 해당 시기에 필요한 금액을 산정해보자. 산정이 안 된다면 재테크 생활 지수가 빵점이나 다름없다. 한 달 평균, 1년 평균 얼마나 지출하는지 관리가 안 되고 있다면, 재테크를 한다고 말할 수 없다. 현재의 지출관리가 제대로 되고 있다면 향후 1년 후, 3년 후, 나아가서는 5년 후의 필요지출 금액을 어느 정도 산정할 수 있을 것이다. 그런 다음 그 금액 대비 자신이 이

라이프사이클별 예상 필요자금(준비할 자금)

필요한 시기	예상 필요자금
성장기 (0세~20대 중후반)	각종 학비 등 자기계발비용, 레저비용, 결혼비용, 전세자금 등 주거마련비용 등
가족형성기 (20대 후반~30대 후반)	자녀출산 및 육아비용, 내집마련비용, 가족들의 생활자금, 주거여건 개선비용 등
활동기 (30대 후반~40대 중반)	자녀 학비 등의 교육비용, 주거여건 개선비용, 창업 등의 목적자금, 각종 의료비용 등
안정기 (40대 후반~50대 중반)	각종 창업준비자금, 자녀의 학비 등의 교육비용, 자녀의 결혼비용, 노후준비자금, 비상예비자금 등
노년기 (50대 후반~사망까지)	은퇴 후 부부의 생활비 및 여가비용, 각종 질병치료 등의 의료비용 등

1년, 10년간 재테크 플랜 차트 (단위 : 천 원)

구 분	1월	2월	3월	4월	5월	6월	7월	8월	9월	10월	11월	12월	합계
주요 지출액(A)													
월평균 수입액(B)													
예상 순저축액(B-A)													
재테크 목표액													

구 분	1년	2년	3년	4년	5년	6년	7년	8년	9년	10년	합계
주요 지출액(A)											
월평균 수입액(B)											
예상 순저축액(B-A)											
재테크 목표액											

루고자 하는 목표치를 더해서 지금부터 매월, 매년 저축해야 하는 금액을 계산해보자.

　재테크 할 돈이 없는데 어떻게 계획을 세우냐고 반문하는 사람도 있을 것이다. 재테크의 목표가 굳이 높을 필요는 없다. '등고자비(登高自卑)'란 좋은 고사성어가 있다. 높은 곳에 오르기 위해서는 낮은 곳에서부터 시작해야 한다는 뜻이다. 목표치가 낮으면 낮은 대로 구체적인 금액을 제시하면서 재테크 계획을 세우면 된다.

　일단 어떤 목표를 정하고 구체적인 계획을 수립하면, 목표 달성을 위해 필요한 가이드라인이 되는 구체적인 지침이나 행동규범이 만들어진다. 그리고 계획을 수립하는 과정에서 미래의 활동에 대한 대안을 준비할 수도 있다.

　일반적으로 목표는 크게 세 가지로 구분되는데, 전략적 목표, 전술목표, 생활목표가 바로 그것이다. 전략적 목표는 현재의 위치에서 달성 가능한 목표를 설정하고 추진하는 대명제라고 볼 수 있다. 전술목표는 매분기, 매년의 실제 저축액이나 수익률에 대한 달성 수치를 정하는 과정이고, 생활목표는 전술목표를 달성하기 위한 생활습관의 변경이나 재테크의 실천 항목 제시다.

　이 세 가지 목표를 구성하는 항목을 설정하고 계획을 세우다 보면 재테크 계획은 자연스레 구체적이게 된다. 애매모호한 목표를 세운다면 궁극적으로 목표를 달성하기는 어려울 것이다. 목표는 측정 가능한 것이어야 한다. 더군다나 금전적인 문제에 관한 재테크 플랜이 아닌가?

28 | 10년 후를 내다보는 재테크

"여기가 예전에는 허허 벌판이었어. 언덕배기가 저기쯤 있고, 지금도 경기고등학교가 자리 잡고 있잖은가? 그런데 이렇게 왕복 12차선이 깔리고 수십 층짜리 주상복합아파트가 들어서다니, 어디 상상이나 했겠나?"

"청담공원까지 거의 허허벌판이었다니 믿기지가 않아요."

청담동에 사는 J씨는 본인의 차로 청담동이나 신사동, 압구정동 근처의 식당에서 식사를 하고 한바퀴 둘러보면서 이 인근의 발전하는 모습에 혀를 내두르곤 한다.

J씨는 30여 년 전 강남에 정착해서 사둔 땅이 1970, 1980년대를 거치면서 최근까지 엄청나게 가격이 오르고 있지만, 그저 본인이 현재

30여 년 전 지금의 삼성동의
모습

　살고 있는 집 한 채에 만족해 하면서 아직까지도 검소하게 생활하고
있다. J씨로부터 삼성동, 청담동, 신사동, 압구정동을 아우르는 강남
권의 예전 모습에 대한 이야기를 듣고 있자면, 정말 10년 이상을 내
다보는 부자들의 혜안에 혀를 내두르게 된다.

　"그러니까 박정희 대통령이 강남을 개발한다고 발표하고 개발을
시작하면서, 여기서부터 잠실까지도 하나의 언저리 투자처로 유망하
다고 생각한 거지. 지금 생각해보면 너무 길게 보지 않았나 싶지만 그
래도 이만하면 성공한 거 아닌가? 껄껄껄."

　J씨처럼 10년 이상의 기간을 염두에 두고 투자를 했던 당시의 투자
자들은 큰 부를 축척하였고, 눈앞의 작은 이익에 눈이 어두워 몇 년
만에 땅을 팔았던 사람들은 땅을 치고 통곡했을 것이다. 이처럼 미래
를 내다보고 진득하니 기다린 투자 마인드만큼은 반드시 배워야 하지
않을까.

아직까지도 J씨가 보관하고 있는 한강 남쪽 개발계획 발표 기사(1970년 6월 16일자 동아일보)

과거 기사를 참고로 강남 개발에 대해서 살펴보면, 정부와 서울시는 1970년 6월 16일 '한수 남쪽 개발계획'을 발표하고 본격적인 강남 개발의 삽질을 시작했다. 당시 서울(2억 1800만 평)은 한강을 경계로 강북과 강남의 면적비율이 각각 49%, 51%로 비슷했으나, 인구비는 76% 대 24%, 공공 및 산업시설은 82% 대 18% 그리고 개발 진척도는 7대 3으로 강남이 강북에 비해 매우 낙후되어 있었다.

서울시는 이런 문제점을 해결하기 위해 도심인구 과밀방지, 근거리 개발지구 개발, 인구 및 산업분산을 통한 대단위 생활권 형성 등을 뼈대로 한 계획을 발표하였다. 물론 이 계획의 이면에는 1968년 1·21사태 이후 수도 서울의 주요 기관을 강북에서 다른 곳으로 이전해야 한다는 정부의 계획이 깔려 있기도 했다. 이 계획은 총공사비 143

억 원을 들여 영등포 동쪽인 영동 제2지구 365만 평과 잠실 176만 평에 새로운 계획도시를 건설하는 것이었다. 이때부터 시작된 강남에 대한 집중개발은 1976년부터, 강남의 한강변에 대규모 아파트단지 건설, 명문 중고등학교의 강남 이전 등 20년 이상이나 계속돼 강남을 특별시 내의 '특별시'로, 강북을 '보통시'로 불리게 하는 결과를 빚었다.

J씨는 이러한 정부정책을 제대로 읽었기에 현재의 부를 쌓았다. 미래를 보는 투자 마인드는 비단 부동산시장뿐만 아니라 주식시장에서도 마찬가지다. 또한 미래를 바라보는 혜안과 더불어 진정한 가치를 생각하며 기다리는 믿음과 인내심을 길러야 한다.

6장

모든 생활에서
부자 마인드를
유지하라

29 | 강남에서 재테크 강연이 잘되는 이유

서울대학교 경제학부 김대일 교수가 2004
년 6월 「빈곤의 정의와 규모」라는 한 보고서에서 '교육비 차이가 가
난 세습의 요인'이라는 주장을 펴 관심을 끌었다. 그는 계층별 교육
비 지출 정도를 분석하여 '가난의 대물림'에 일종의 경고를 보냈다.

"무엇보다 값싸고 질 좋은 교육, 공교육의 활성화만이 빈곤의 세
습을 막을 수 있는 방책"이라며 나름대로 정책과제를 제시하기도 했
다. 물론 빈곤의 세습을 정확히 파악하기 위해서는 부모의 소득과 자
녀의 소득 간의 연관성을 살펴야 한다. 그러나 현실적으로 이에 대한
자료가 거의 없고, 상속세 관련 자료도 없어 한계가 있다는 점을 감
안하여 그는 부모와 자식의 연계성이 가장 높은 교육비 지출액에 착

안했다고 한다.

능력이 뛰어난 사람이 더 많이 벌고 더 빨리 부자가 될 수 있다. 하지만 능력이 있고 열의도 넘치는데 교육을 못 받았다면 빈곤이 세습될 수도 있다는 것이다. 필자 역시 이 논문의 내용이나 취지에 전적으로 공감한다. 필자는 올바른 금융지식과 재테크의 필요성, 효율적인 재테크 방법에 대해서 많은 강의를 하고 있다. 그런데 강의를 해보면 재테크 필요성에 대한 인식과 열기가 서울과 지방 간, 그리고 같은 서울이라고 해도 강북과 강남의 차이가 현격하다.

이왕이면 서민들에게 현재의 재테크 시장 동향과 목돈을 마련할 방법을 상세하게 알려주었으면 하는 바람에서 가급적 서민들이 많은 지역에 강연회를 연다. 하지만 수강생들이 적어 매번 안타까운 심정으로 강의를 마칠 수밖에 없었다.

반대로 강남권의 경우에는, 부자들이 많은 지역이므로 필자가 오히려 한 수 배우고 와야겠다는 마음가짐으로 강연장을 들어서지만, 입구에서부터 늘 놀라게 된다. 예상했던 참석자 수의 1.5배 이상은 모여들기 때문이다.

비슷한 제목에, 같은 강사, 같은 교재로 강의를 하는데 왜 강남 쪽은 사람이 놀리고, 강북 쪽이니 지방에는 사람이 없을까? 서민들에게는 체념이 팽배해 있고, 투자가 수익을 낳는다라는 걸 인식하지 못하고 있기 때문일 게다.

그럼 강남 쪽 사람들은 부자되는 방법을 몰라서 강연회를 다니는 것일까? 만약 그렇다면 서민들이 많이 사는 지역에서 강연회를 할 때 더 많은 사람들이 왔어야 한다.

수강생들과 얘기를 나누다 보면 오히려 특정 분야에 대해서는 필자가 배워야 할 정도로 전문가들이 많다. 하지만 재테크나 투자는 한 가지 분야만 알아서 되는 것이 아니라 거의 모든 분야에 대해서 기본지식이 있어야 하기 때문에, 이들은 자기 자신의 부족한 부분을 채우기 위해서 참석하는 것이다. 다른 수강생들과 얘기를 나누면서 자기들끼리 네트워크를 만들고, 정보를 교환하면서 간접경험을 하는 것이다.

필자의 수강생 중에 경기도 모도시에서 대형 그릇도매상을 하는 분이 있다. 처음에는 사업과 자녀 교육에 대한 이야기만 나누다가, 우연히 이분이 큰 부를 이루었고 그 이면에는 엄청난 독서가 한몫을 했다는 것을 알게 되었다. 그는 한 달에 적어도 15권 이상의 책을 구입하는데 주식, 부동산, 경제에 관한 책과 자기계발, 마인드 고취 등에 관한 책이 대부분이었다. 지금까지 약 3000권 이상의 책을 읽은 것 같다는 그의 말에 입이 벌어지지 않을 수 없었다. 그 동안 그분이 간혹 던지는 범상치 않은 질문이나 의견 또한 역시 다독(多讀)의 결과라는 사실을 알 수 있었다.

그는 책 속에 부자가 되는 길이 있다고 생각한다. 한 권에 만 원씩만 잡아도 한 달에 15만 원 이상을 책값으로 지출하는데 아깝지 않느냐는 질문에, 정색을 하면서 두세 번 읽고 책의 내용을 내 것으로 만들면 대부분의 책들이 그 값어치를 한다고 단호하게 말한다.

책을 사서 읽는 것이나 재테크 강연회에 쫓아다니는 것이나 양자 모두 시간과 금전적인 지출이 있게 마련이다. 이러한 지출을 하나의 투자로 생각하느냐, 시간낭비라 생각하고 배움을 실천하지 않느냐에 따라서 부자와 가난한 자의 길이 갈라진다.

부자들의 특징 중 하나는 끊임없는 지적 욕구를 가지고 있다는 것이다. 그들은 기본적으로 두 가지 이상의 일간지(경제지 포함)를 정기 구독하고 있으며, 두 군데 이상의 증권회사에서 주식시장의 동향에 대한 데일리 리포트를 받아보고 있고, 적어도 세 군데 이상의 지역에 절친한 공인중개사와 교분을 쌓고 있다. 즉 그들은 '지적 욕구'라는 커다란 성능 좋은 손전등을 가지고 다니며 몇 십 미터 앞을 늘 살피면서 생활한다.

미국의 심리학자 에이브러엄 매슬로우는 인간의 욕구는 타고난 것이며 행동을 일으키는 동기요인이라고 했다. 다이아몬드 광산에 가려면 지도를 구해야 하고, 에베레스트 산에 가려면 일단 네팔이나 티베트로 가는 항공노선부터 체크해야 한다. 하다못해 가까운 곳에 여행을 갈 때에도 지도를 보며 코스를 그려보아야 한다. '부자'의 길도 마찬가지다. 그 길의 지도가 되는 재테크 지식에 대한 끊임없는 욕구가 있어야 하겠다.

30 | 몸담고 있는 분야의 전문가가 되어라

경기도의 한 소도시에서 대형 패션아울렛을 운영하고 있는 O사장님. 60세가 훨씬 넘었지만 패션아울렛을 운영하는 사장님답게 늘 젊은 마인드로 생활한다.

캐주얼한 청바지 차림에 밝은 원색 계통의 셔츠를 즐겨 입고, 젊은층의 취향이나 관심사에 늘 신경을 곤두세운다. 고객층의 관심사를 알아야 고객의 취향에 맞는 상품들로 진열할 수 있다는게 그분의 지론이다. 그는 젊은층의 고객을 연구하다 보니 자신도 젊어지고 인생도 즐거워진다고 늘 얘기한다.

"서 팀장, 엉덩이가 예쁜 사람을 뭐라고 하는지 아나?"

"얼굴이 예쁘면 얼짱이라고 하니까, 아마도 엉짱이 아닐까요?"

"역시 감각이 있군. 그런데 틀렸네. 힙짱이라고 하네. 힙짱. 그러면 모든 일이 귀찮아서 좀처럼 움직이길 싫어하는 사람을 무엇이라고 하는지 아나?"

"게으름뱅이 아닌가요?"

"어허, 내 이럴 줄 알았다니까. '귀차니스트'라고 한다네. 어제 고객 한 분이 그러더군. 귀차니스트가 자기 별명이라고."

"종업원이 30명도 넘는데 사장님이 직접 고객 상대를 하시나요?"

"그런 건 아니지만 늘 옆에서 그들의 대화에 귀기울이곤 한다네. 그래야 그들의 불만 같은 걸 알 수 있거든. 사람을 앞에 세워놓고 불만을 하지는 않거든. 자기들끼리 대보고 입어보면서 얘기를 하지. 그런 대화야말로 우리 같은 사람들에게 진짜 소중한 정보일세. 자네도 은행에서 고객들끼리 하는 이야기를 유심히 들어보게. 얼굴이 붉어지도록 부끄러운 얘기가 많을 걸?"

O사장님에게 이번에도 한방 얻어맞은 느낌이다. 60이 넘은 나이에도 불구하고 주고객층인 젊은이들의 취향을 연구하는 그에게서 자기가 속한 분야를 열정적으로 파고들어 전문가가 되어야 한다는 교훈을 얻는다.

재테크를 할 때도 마찬가지다. 남들보다 더 많이 배워야 한다는 말은 반드시 학력이 높아야 한다는 뜻이 아니다. 남들보다 재테크를 더 많이 연구하고 지속적으로 배우려는 노력이 있어야 한다는 의미이다.

필자의 수강생 중에는 경제학박사도 있고 세무사나 의사, 외교관 등 다양한 분야에서 전문가로 일하는 이들이 많다. 그들이 자기 분야에 대해 배움이 모자라서 필자의 강의를 듣는 것은 아닐 것이다. 재테크나 투자에 대한 새로운 지식을 배우러 오는 것이다.

물론 O사장님처럼 부자가 되기 위해서는 금융상품이나 부동산에 대한 지식에 앞서, 자기가 하는 일과 관련된 지식을 적어도 전문가 수준 이상으로 꿰뚫고 있어야 한다. 트렌드가 바뀌게 되면 그때 가서 다시 배우고 공부를 하더라도, 당장 오늘 내가 하는 일에 대한 공부를 게을리 해서는 안 된다.

부자되는 방법 중 지식쌓기라는 목표에는 다음 두 가지 방향이 설정된다. 첫 번째는 자기 분야에 대해 남들보다 월등한 지식을 쌓는 것이다. 두 번째는 부자되기의 직접적 준비사항인 재테크, 투자 관련 지식쌓기다. 기본적인 수입을 위한 준비사항인 자기 분야의 전문가가 되는 것과, 그 수입의 운용과 증식을 위한 재테크 관련 전문가가 되는 것, 이 두 가지가 이루어져야 준비가 완료된다.

나이를 초월해서 지금도 젊은이들이 트렌드를 따라 잡으려고 열심히 노력하는 O사장님의 모습처럼, 열정적으로 자기 일에 대한 전문가가 되고자 하는 노력을 해보자.

31 | 첫마음을 잃지 말라

필자는 가끔 서울시 동작구 사당동에 간다. 남성초등학교를 왼편으로 끼고 끝까지 올라가다 보면, 국립묘지와 담 하나를 사이에 두고 산 아래에 동네 하나가 있다. 필자가 유년기부터 청소년기 초반까지의 시기를 보냈던 동네이기도 하고, 아버지를 저세상으로 보내드렸던 곳이기도 하다. 지금은 모두 재개발되어 차가 시원스레 올라갈 수 있는 넓은 도로가 생겼지만, 20여 년 전까지만 해도 겨울철에 눈이 많이 오면 차가 올라가지 못했다. 또 가뭄이 지는 해에는 수돗물이 끊겨서 급수차가 오면 양동이를 들고 뛰어나가곤 했다.

이처럼 고생스럽고 아픈 기억밖에 없는 옛 동네를 지금도 가끔씩 찾는 이유는, 초심(初心)을 잃지 않기 위해서이다. 항상 이 동네에

가면 나태해졌던 마음을 다잡고 새롭게 정화된 정신으로 돌아갈 수 있다.

부자들 중에도 예전에 고생했던 고향 마을을 찾는 이들이 있다. 몇 년 전 한 재력가와 함께 그분이 고향을 등지고 서울로 올라온 뒤 신문 배달과 우유배달, 식당 종업원 일을 하면서 고생했다는 서울 변두리 산동네를 간 적이 있다. 예전에 살던 집은 없어지고 빌라촌이 형성되었지만, 아직까지도 골목길은 남아 있다고 무척이나 기뻐하였다. 그는 고민스러운 상황이 발생하면, 고생스러웠던 기억들을 다시 떠올리면서 그 장소를 둘러본다고 한다.

대부분의 사람들은 뭔가를 계획하고 실천할 때 처음에는 야무진 각오와 열의를 가지고 달려든다. 결연한 의지를 보여주기 위해 벽에 목표를 써붙이거나, 일부러 주위 사람들에게 결심을 이야기하고 다니기도 한다. 그러나 확고한 다짐에도 불구하고 시간이 흐를수록 애초에 세웠던 계획은 온데간데없고 용두사미가 되기 일쑤다. 되도록 편한 것을 찾는 것이 인간의 심리기 때문에 때문에 점차 시간이 지날수록 처음의 열정은 식게 된다. 그런 만큼 처음에 사셨던 마음을 잃지 않는 게 중요하다.

지금은 기계 전문 메이커로 승승장구하고 있는 한 기업의 창업자는 큰 사옥을 신축하자마자 초기의 오두막 같은 공장을 복원하여 건물 로비에 설치했다고 한다. 그때의 실패와 고난을 잊지 않기 위함이었다. 그리고 어떤 창업자는 자신이 최초로 만들어 판 제품을 비싼 값을 치르고 되사다가 회장실에 설치했다. 창업했을 때의 고통을 회상하며, 이렇게 불충분한 기계를 사주었던 고객의 은혜에 감사하고, 그때의 귀중한 추억을 잊지 않기 위한 것이다. 이들은 성공한 삶을 살고 있지만 '처음의 결심을 잊지 말라'는 말을 실천하고 있는 것이다.

폐암 말기 환자였던 손님이 병원 앞에서 탄 적이 있어요. 한 40대 초반쯤 되는 손님이었는데 얼굴만 봐도 아픈 사람인 걸 알겠더라고요. 자기는 이제 두 달 더 살 수 있대요. 그 손님이 그랬어요. "젊은 기사분이네. 부럽소. 열심히 사는 모습이. 살 수 있을 때 최선을 다해서 살아요. 그래야 죽기 전에 후회를 안 해. 안 해본 일이 많은 건 후회되지 않아. 제대로 해본 일이 없는 건 정말 후회가 돼. 힘들어도 참고 잘해봐. 당신 젊잖아." 택시비를 못 받겠더라고요. 끝내 돈 다 내고 내리면서 말없이 택시 차창을 탁탁 두드려주셨는데, 하루 종일 우울했어요. 내가 일할 수 있다는 사실이 고마웠고요.

얼마 전 잡지에서 읽은 모 택시 기사의 인터뷰 내용이다. 그 손님을 만난 기사의 입장에서는 인생에서 잃어버릴 뻔했던 초심을, 죽음에 임박한 한 승객의 충고로 뼈저리게 느끼면서 찾은 것이다.

첫마음은 모든 일의 원동력이며 출발점이다. 왜 이 일을 시작했는지를 자문자답하면서 결의를 새롭게 한다면, 힘들고 어려운 일도 쉽게 헤쳐나갈 수 있을 것이다.

168

32 | 나는 아직도 부족하다

시애틀 매리너스의 스즈키 이치로는 2004년 10월 2일 미 메이저리그 시즌 259안타로 최다 안타 기록을 갈아치웠다. 일본 열도는 흥분의 도가니에 빠졌고 일본의 스포츠 신문들은 이치로 관련 기사로 도배를 했으며, 각 방송사 역시 이치로 관련 특집 프로그램으로 치열한 경쟁을 벌었다. 일본 총리는 "천부의 재능은 물론, 남보다 많은 노력 끝에 대기록을 달성한 이치로 선수는 정말로 위대하다"며 "그에게 어떤 칭찬을 해도 과하지 않을 것"이라고 축하했다.

가장 위대한 업적을 남긴 사람에게 준다는 일본 정부의 '국민영예상' 제의를 두 번이나 사양하면서 이치로는 이렇게 이야기했다고 한다.

"나는 아직도 많이 부족한 사람이다."

그에게는 이러한 겸손함 못지않은 다른 장점이 있는데, 바로 끊임없는 노력과 성실성이다. 그는 다른 선수들과 경기에 임하는 태도부터 다르다. 경기 당일 최소 5시간 전에 숙소를 떠나 경기장에서 몸을 만든다. 마사지나 스트레칭 등 준비운동 1시간 30분, 타격연습 1시간 30분. 게임 중에도 수시로 스트레칭을 한다. 게다가 이치로는 경기가 없을 때도 또 다른 경기 중이라는 생각을 늘 한다고 한다. 최근 이치로를 인터뷰한 책 『어택 더 피너클(최고봉을 향하여)』을 펴낸 고마쓰 히로미는 "이치로가 일본에서부터 메이저리그의 스트라이크존을 연구했고, 100명이 넘는 투수를 공략하기 위한 시뮬레이션을 가동해왔다"고 저서에서 밝혔다. 하늘이 재능을 부여하여 야구천재가 된 것이 아니라, 끊임없이 연구하고 훈련하며 스스로를 야구천재로 만든 것이라는 설명이다.

이런 기사를 접하게 되면 사람들은 한결같이 '대단하다' 느니 '부럽다' 느니 감탄사를 연발한다. 하지만 내가 뉴스거리의 주인공이 될 수도 있다는 생각을 하는 사람은 드물다.

오늘 아침 신문의 경제면 톱기사가 뭔지 기억하는가? 적어도 하루에 한 번씩은 재테크 관련 인터넷 사이트를 들어가 보는가? 혹시 펀드에 가입하였다면 내가 가입한 펀드가 어떻게 운용되는지 정확하게 알고 있는가? 본인이 살고 있는 지역의 지방자치단체의 홈페이지에 들어가서 부동산 관련 개발사업에 대한 고시나 공지사항을 살펴본 적이 있는가?

위 질문들에 대해서 몇 가지는 자신 있게 그렇다고 대답할 수 있어야 한다. 자기가 관심 있고 목표를 가진 분야에 대해서 열심히 공부하고 노력하고 연구하다 보면 부(富)는 자연스레 따라올 것이다.

> 화살이 과녁을 찾아가는 것이 아니라 활 쏘는 이가 과녁으로 화살을 보내는 것이다.

조선 제1대 왕인 태조 이성계의 말이다. 재테크도 마찬가지다. 우리가 저축하거나 투자하는 돈이 높은 수익률을 찾아 저절로 가지는 않는다. 종자돈이나 투자자금을 안전성, 환금성, 유동성을 겸비한 높은 수익률이라는 과녁으로 보내야 한다는 점을 명심해야 한다.

지금부터라도 수익률이라는 과녁의 한가운데를 정확하게 맞추기 위한 관심과 노력을 기울여보자. 과녁에 정확히 화살을 맞히는 명궁이 하루아침에 만들어지는 것이 아니듯이, 부자 역시 하루아침에 이루어지는 게 아니다. 부단히 노력하고 늘 공부하고 실천하는 자만이 맞출 수 있는 과녁이 바로 '부자'이다.

33 | 90%의 운명을 좌우하는 10%의 노력

경영의 귀재라 불리는 일본 마쓰시타 전기의 창업자 마쓰시타 고노스케가 어느 날 한 젊은이에게서 "회장님께서는 도대체 어떻게 성공하셨습니까?"라는 질문을 받았다.

그것은 마쓰시타가 흔히 받는 질문이었다. 마쓰시타는 자신이 성공할 수 있었던 가장 큰 이유를 '성실한 노력'이라고 항상 생각해왔다. 하지만 너무나도 평범한 진리였기에 젊은이에게는 쉽게 기억되지 못할 것이라 생각하여 마쓰시타는 조금 뜸을 들이다가 이렇게 대답했다.

"내가 걸어온 길을 가만히 돌이켜보면 90%가 운명이었다는 생각이 드네. 뭐 하나 특별한 재주도 없는 평범한 내가 이렇게 성공할 수 있었던 것은 운이 좋았기 때문이지. 그 행운에 언제나 감사할 따름이네."

젊은이는 약간 놀란 듯 "그럼, 성공이 운에 달렸다는 말씀입니까?"라고 반문했다.

"그렇지. 모든 것은 운명으로 이미 정해져 있다네. 하지만 젊은이, 내가 90%라고 말한 것을 기억하게. 남아 있는 10%가 인간에게 맡겨져 있는 몫이지. 예를 들어 나를 배라고 한다면 '나는 큰 배인가? 작은 배인가?' 그것은 각자의 운명일지도 모르지. 그러나 배를 움직이는 것은 인산이지. 그 배가 깊고 푸른 바다를 건너 목적지에 무사히 도착할 수 있을지의 여부는 인간에게 달려 있다네. 그런데 모든 것을 결정지을지도 모르는 그것, 10%밖에 되지 않는 인간의 몫은 자신의 노력만으로 얻어지는 것이지. 그것도 하루하루 성실하게 일 년을 하루처럼, 몇 십 년을 한결같이 노력하는 사람에게 주어지는 몫이라는 것을 알았으면 하네.

내게도 자네에게도 똑같이 90%의 운명이 주어졌네. 자, 나는 10%의 성실한 노력을 할 준비가 되었는데 자네는 어떤가?"

그러자 그 청년은 마쓰시타의 뜻을 알았는지 고개를 끄덕이며 큰 감동을 받았다고 한다.

수백 톤의 배가 움직일 방향을 결정하는 것은 조종실에 있는 조정키이다. 조정키 하나로 배가 어디로 갈지 결정되는 것이다. 우리의 인생도 마찬가지이고, 우리가 부자가 되는 길에 있어서도 '성실'이라는 조정키를 과연 어떻게 운용하고 관리하느냐가 관건이다.

강남의 모 은행 영업점에 근무하고 있을 때의 일이다. 인근에 규모가 큰 감자탕전문점을 운영하는 B사장이 있었다. 최근 몇 년간 내수 소비 심리가 위축되면서 IMF 외환위기 때 못지않게 경기가 좋지 않다고 하지만, 그 식당은 그야말로 줄을 서지 않으면 먹지 못하는 인기 만점 식당이다. 멀리 일산, 부천, 의정부에서도 찾아오는 손님들이 많다고 하니 가히 그 인기를 실감할 수 있다.

"동네 감자탕이 다 똑같죠. 맛없으면 장사 못 하는 거니까요. 하지만 우리집만의 맛을 유지하고, 자주 오시는 단골 분들에게 싱싱한 야채로 만든 밑반찬과 함께 수제비 하나라도 더 올려드리려고 노력하는 게 경쟁력 아닐까요."

게다가 손님들 사이를 수시로 오가면서 필요한 게 없는지, 맛은 괜찮은지 물어보고 확인하는 이 집 사장님의 부지런함이 이 집의 성공 비결이라 할 수 있다. 처음에는 건물 1층을 임대하여 시작했지만, 지금은 임대했던 5층짜리 건물을 사들여 건물주가 되었으니 성실성이 오늘날의 그를 만든 장본인이 아닐까.

지금으로부터 수십 년 전 자메이카 태생의 한 흑인 대학생이 콜라 회사에서 청소 아르바이트를 할 때의 일이다. 흑인 차별이 심했던 당시 백인 아르바이트생들은 더러운 물을 일부러 엎지르는 등 그를 매우 괴롭혔다. 그러나 그는 묵묵히 청소를 했고, 이를 유심히 관찰하던 관리책임자가 그를 다음 방학 때도 계속 불렀다. 우직하게 최선을 다하는 그의 모습을 높이 평가한 것이다.

그 흑인 대학생이 누구냐고?

자메이카 출신 이민자의 아들로 뉴욕의 빈민가에서 태어남.
국가안보보좌관을 거쳐 흑인으로서는 미국 역사상 최초로 합참의장에 임명돼 레이건, 부시, 클린턴 등 3명의 대통령을 보좌.
1991년 걸프전을 성공적으로 수행하면서 국민적 인기를 얻음.
2001년 부시 정부의 국무장관에 임명됨으로써 흑인 최초의 국무장관이 됨.

온건하고 명예를 존중하며 당파에 연연하지 않는 인물로 미국인들의 존경을 받고 있는 콜린 파월 전 국무장관이다.

앞에서 언급한 마쓰시타 고스노케, B사장, 콜린 파월의 공통점은 꾸준히 유지해온 성실한 삶의 자세이다. 작은 일에도 기뻐하고 즐거워하며 성실히 생활한다면 인생의 성공은 저절로 올 것이다.

34 | 철저하게 자기 자신만을 믿어라

몇 개월 전, 버스를 타고 약속 장소로 가는
도중 앞좌석에 붙은 재미있는 광고를 발견했다.

방법이 없고 힘드실 때 꼭 한 번 찾아오시면 당신이 가야 할 길을 안
내해드리겠습니다. 인생을 감정받고 앞날을 예견하여 단 한 번밖에
없는 인생의 미래에 대한 대책을 마련하시기 바랍니다. 감정료 한
가족당 3만 원.

- ○○철학관(영등포시장 로터리 △△은행 뒤쪽, 방문상담 환영)

참으로 솔깃한 광고 문구였다. 하루 종일 회사에서 스트레스를 잔

뜩 받은 뒤 귀가하는 버스 안에서 이런 광고를 본다면, 한번쯤 의지하고 싶은 마음이 들 법도 하겠구나라는 생각이 들었다.

"큰 부자는 하늘이 만들고 작은 부자는 노력이 만든다"고 했다. 자신에게 닥친 문제를 풀 수 있는 사람은 오직 자기 자신이다. 다른 사람이나 자신이 처한 환경을 탓하지 말자. 진정한 부자는 실패의 원인을 환경이나 남의 탓으로 돌리지 않는다. 오히려 원인과 문제를 분석해서 다음 투자의 초석으로 삼는다.

부자들은 대부분 자기 자신의 판단이나 결정을 매우 중요시한다. 비록 자기만의 판단이나 결정에 대한 결과가 잘못되었다 하더라도 결코 낙심하거나 슬퍼하지 않는다. 그만큼 자기 자신에 대한 확고한 믿음과 신뢰가 있기 때문이다.

다음은 필자가 늘 마음속에 담아두고 힘을 얻는 말이다.

당신의 인생이 비참하게 느껴집니까?

당신의 능력이 너무나 작게 생각되고

당신의 앞날에는 먹구름이 끼인 듯 두렵기만 합니까?

하지만 어쩌겠습니까?

그럼에도 불구하고

당신을 성장시킬 수 있는 유일한 사람은 당신밖에 없다는 것을.

– D. 함마슐드

35 | 세 살 재테크 버릇 여든 간다

유대인들의 삶의 지침서인 『탈무드』에는 여러 가지 소중한 말들이 많지만 특히 자녀 교육에 대한 비중이 크다.

"예루살렘의 신전이 로마인들에게 파괴되는 일은 어쩔 수 없지만, 유대인은 로마인이 파괴할 수 없는 것을 가져야만 된다. 그것은 바로 교육이다. 교육만이 칼보다 강하다."

"로마인들은 그들의 자손에게 칼을 전해주겠지만 유대인들은 그들의 자손들에게 칼보다 훨씬 강한 '교육'을 전해줄 것이다."

유대인들이 얼마나 교육을 중요하게 여기는지 잘 보여주는 대목이다. 그들은 교육을 매우 중요하게 여기기 때문에 자녀 교육에 있어서만큼은 혹독할 만큼 철저하다.

우리나라도 다행히 자녀의 교육열은 전 세계 어느 나라에 뒤지지 않을 만큼 그 열의가 넘친다. 하지만 '돈'에 대한 교육이 빠져 있다는 게 참으로 안타까울 따름이다. 지금까지 우리 교육은 상급학교 진학에 대해서만 포커스가 맞추어져 있었기 때문에, 재테크를 비롯한 투자, 돈 관리에 대한 교육은 거의 찾아보기 힘든 실정이다. 대학생 중에서도 아직 본인 명의의 은행통장을 한 번도 만들어보지 않은 학생이 수두룩하고, 은행상품에 대한 지식은 전무하다시피하다.

필자의 수강생 중 한 부부가 저녁식사에 초대해서 집에 방문한 적이 있었다. 평소 부인은 공부하는 태도와 재테크에 대한 관심도가 대단하였는데, 역시 예상했던 대로 그들은 어느 정도 재산을 모았고 강남구 서초동의 아파트에서 거주하고 있었다. 그런데 식사를 하다 아이들 방에 걸린 이상한 그림을 보게 되었다. 그림이 하도 특이해서 물어보시 않을 수 없었다.

"사장님, 저게 무슨 그림이죠? 조금 섬뜩하기도 한데."

"아, 예. 죽을힘을 다해 최선을 다하면 살 수도 있다라는 뜻이 있지요. 이제 아이들이 고등학교

아이들 방에 걸려 있는, 죽기 살기로 최선을 다하자는 의미의 그림

에 들어갔으니 어느 정도 자기 가치관과 삶에 대한 길을 닦아야 할 시기라고 생각해서 올해 초에 걸어준 겁니다."

"그렇군요. 아이들이 참 많은 걸 느끼겠군요."

"우리 부부는 재테크 교육도 철저히 시키려고 합니다. 그래서 아이들에게 1년에 한두 번씩 꼭 숙제를 내지요. 수업이 끝나고 집에 올 때 가까운 은행에 들러 각종 금융상품 팸플릿을 집어오게 합니다. 그리고는 주말에 그것들을 펼쳐놓고 같이 보면서 최근에 인기 있는 상품들이 무엇인지 이야기를 나눕니다."

"정말 잘하고 계시네요. '재테크의 시기는 바로 지금이다'는 말이 있습니다. '언제 해야 하느냐'라는 게 없다는 의미이지요. 지금부터 자녀분들에게 그 정도로 교육을 시켜놓으시면 이 다음에 남들보다 훨씬 빨리 독립하고 자리를 잡겠군요."

또한 집에서 정기구독 하는 종합일간지와 경제신문을 아이들에게 읽히면서 스크랩을 하게 한다고 한다. 그리고 일 주일 단위로 두 아이의 스크랩 파일을 검사하고 유익성 정도를 부부가 평가해서 잘한 아이에게 상금을 준다고 한다. 그 돈 역시 다음날 아이들의 통장으로 입금된다.

이들 부부뿐만 아니라 대부분의 부자들이 일찍부터 자녀들에게 금융이나 재테크 교육을 시킨다. 학교를 의미하는 영어 단어 'school'은 '한가함'이란 그리스어 'schole'에서 나왔다고 한다. 시간에 촉박해서 급하게 배우는 것은 의미가 없으며, 여유를 가지고 차근차근 배워야 진정한 교육의 효과가 있다는 의미로 해석할 수 있겠다. 금융이나 재테크 교육 역시 마찬가지다. 은행에 갈 때 자녀들과 함께 가기, 은행이나 증권회사 등의 팸플릿 집어오기, 내 통장 만들어보기, 신문 스크랩 등을 통해 차근차근 경제와 금융 분야의 시야의 폭을 넓혀주자. 여러분의 자녀들은 부자의 길에 훨씬 빨리 접어들게 될 것이다.

KI신서 688
돈의 심리 부자의 심리

지은이 | 서기수

1판 1쇄 발행 | 2005. 6. 30
1판 2쇄 발행 | 2005. 8. 20

펴낸곳 | (주)북21
펴낸이 | 김영곤
책임편집 | 박종운, 김성수, 유소영
영업마케팅 | 정성진, 안경찬, 이종률, 김진갑, 이희영, 박진모, 이연정, 박창숙, 유정희
관리 | 이인규, 김용진, 이도형, 고선미
제작 | 강근원, 이영민
본문디자인 | 성인기획
표지디자인 | 이노디자인

등록번호 | 제10-1965호
등록일자 | 2000. 5. 6.

주소 | 경기도 파주시 교하읍 문발리 파주출판문화정보산업단지 500-11 2, 3층(413-756)
전화 | 031-955-2100(대표), 031-955-2133(기획 · 편집)
팩스 | 031-955-2151
e-mail | book21@book21.co.kr
홈페이지 | http://www.book21.co.kr

값 9,000원
ISBN 89-509-0754-2 13320